知識も時間もないですが、新NISAで
ったらかし投資より
金を増やしたいです

元証券マンの投資アドバイザー
投資塾ゆう

KADOKAWA

序章

2024年にスタートした新しいNISA（以降、新NISA）を契機に、投資への関心が高まっています。投資アドバイザーを生業《なりわい》にしている私の元にも、たくさんの相談が寄せられています。

しかしその一方で、「興味はあるけれど、なかなか踏み出せない」という人も、依然として多いと感じています。

こうした人たちはなぜ、投資を始められないのか。その理由は大きく以下の3つに分けられます。

投資をやらない理由①　怖いから

投資をしない人の多くがその理由として、「投資にはリスクがあって、お金が減るかもしれないから怖い」と言います。しかし私に言わせれば、「投資をしないほうがよほど怖い」のです。

物価の変動を示す消費者物価指数は、２０２３年に入ってから３％前後で推移しています。これは、あらゆるモノの価格が前年から３％ほど上がっているということを示しています。

「３％？　いや、もっと上がっているのでは？」と思う人も多いかもしれません。

その感覚は正解で、今回の物価上昇（インフレ）は、もともと高額の品物やぜいたく品の価格はそれほど上がっていないのに対し、だれもが日常的に買う食品や生活必需品の価格が大きく上がっているのが特徴です。これらを平均して３％という数字が出てきているわけなので、**私たちの生活は統計データで示される数字以上に激しい物価上昇に直面している**といえます。

日本経済は長い間、「失われた30年」といわれる低成長とデフレの時代が続いていましたが、長かったデフレはついに終焉し、いよいよインフレ時代に突入したといえるのではないでしょうか。

モノの価格が上がるインフレは、お金の価値が下がることと同義です。モノの価格が下がるデフレであれば、何もしなくてもお金の価値は実質的に上がっていくので、現金をひたすら握り続けているのは合理的な行動といえました。

しかし、インフレ局面では違います。**何もしないでお金を握り続けているとその価値はどんどん目減りしていく**ことになります。去年まで100円で買えたものが、120円になったということは、その100円の価値が明らかに落ちていることにほかならないからです。

アメリカであれば、モノの値段と一緒に預金金利や賃金も上がっています。しかし日本では、モノの値段だけが上昇して賃金は上がっていないとはいいませんが、物価上昇には追いついていません。預金金利にいたっては、デフレ時代とほぼ同じ水準です。

こんなひどい物価上昇がいつまでも続くはずはない、と考える人もいるかもしれません。確かに、このインフレがまもなく完全収束する可能性がないわけではありません。しかし、デフレが30年以上続いたことを考えれば、インフレだけが短期間で終息するという考え方はあまりにも楽観的で根拠に乏しいように感じます。

ここで、問題です。もし、今の３％のインフレが20年続いたとしたら、現在の１０0万円の実質的な価値はいくらになっていると思いますか？

答えは、約55万円です。20年間何もしないでいたら、お金の価値は半減し、買えるものも半分になってしまうのです。

今の日本において、投資をしない、あるいはお金を預貯金だけに置いておくということは、20年後にその価値が半分になることを許容しているということにほかなりません。

投資をすれば増える可能性がある一方で、減る可能性もあるので怖い、という気持ちは理解できます。しかし、今のようにインフレだけが進み金利が上がらない状態では預貯金に置いておいてもお金の価値は減る一方です。それでも、預貯金のほうが有利と判断するのでしょうか？

「お金が減るのが怖いから投資はしない」というのは、自らの資産が目減りしていくのを放置していることと同じなのです。

投資をやらない理由② 難しそう

これも、とてもよく聞かれる言い訳です。確かに、個別株やFX（外国為替証拠金取引）などの取引には知識が必要ですし、相場環境を常にウォッチして最新情報を把握し続ける必要があるので、忙しい人にはハードルが高いでしょう。

しかし、投資はそんな難しいものばかりではありません。**毎月、一定額を積み立てていく積み立て投資なら、知識がない人も時間がない人も、だれでも簡単に始められます**。

しかも、積み立て投資は老後資金形成の手段として政府が推奨しており、NISA（少額投資非課税制度）やiDeCo（個人型確定拠出年金）というしくみを利用すれば、利益が出ても課税されず、とても有利に投資ができるようになっています。

積み立て投資は、ただ証券会社に口座を開設して積み立ての設定をすれば、あとは何もする必要はありません。経済ニュースや株価をチェックする必要もないし、勉強する必要もありません。実際、私の周囲の人たちやお客様でも、経済についての関心はゼロで、知識もまったくないのに、私に勧められて積み立て投資の設定をしただけで大きな利益を上げている人がたくさんいます。

「難しそう」とか「忙しくて勉強できない」という理由で投資をしないのは、完全にナンセンスなのです。

投資をやらない理由③　お金がない

投資はお金持ちがやることだと思っているのだとしたら、それも間違いです。もちろん、富裕層の人たちがその資産を守るために運用をすることはとても重要です。しかし、**一般的な収入の人こそ、限られた収入を運用に回さなければ、資産をインフレから守れず、老後の豊かさを手に入れることはできません。**

投資をスタートする際に、大金を用意する必要はありません。大手ネット証券では100円から投資信託が買えますし、個別株投資であっても最近は1株数百円から投資できるサービスも増えています。現実として投資で資産を何百倍にもできるわけではないので、数百円を投資することにあまり意味はありませんが、それでもまずはトライすることでお金が増えていく様子を実感できるはずです。

よほど困窮している人は別ですが、一般的な生活をしている人なら、投資は決して難しいことではないのです。

本書を手に取ってくださった方は、投資をやってみたいと思っている人か、あるいは積み立て投資などをすでに始めている人かもしれません。

第2章で詳しく解説しますが、積み立て投資はルールを守るだけで、資産を大きく成長させられる投資法です。だれにでも簡単にできて、手間や時間をかける必要もありません。新ＮＩＳＡを使えばさらに有利になるので、あらゆる人におすすめできる投資です。

積み立て投資で十分満足している人は、このまま継続していけば大丈夫です。ほかには何もする必要はありません。

ただ、**積み立て投資をしている人の中には、「これだけでは物足りない」「別の投資にもチャレンジして、お金をもっと増やしたい」という人もいると思います**。積み立て投資でお金が増えていく楽しさや投資のおもしろさを実感すれば、ステップアップしたい、もっと利益を出したいと思うようになるのです。

積み立て投資は、株価指数と同じ値動きを目指すインデックス商品に投資することが一般的なので、市場平均を超える利益は期待できません。長期で継続すれば十分な利益が期待できますが、人間には欲があります。市場平均と同じ年数％の成長では飽き足らず、もっと儲かる投資にトライしたいと思うのは自然なことです。

老後だけでなく、現役時代の生活も豊かにすることができれば、もっと人生を充実させられるのですから。

しかし多くの人は、そこで個別株やＦＸ、暗号資産などのリスクの高い投資に手を出して、失敗してしまいます。別に、これらの投資が悪い投資だと言いたいわけではありません。実際、こうした投資で成功する人もいます。

しかし、これらの投資は勉強や情報収集、相場の監視を続けることが必要です。忙しい人が片手間で挑んでも百戦錬磨の個人投資家や機関投資家の餌食になってしまうのがオチで、うまくいかないことが多いのです。

こうして手痛い失敗を経験すると、多くの人は投資をやめるか、あるいはインデックス投資に帰ってきます。プラスアルファの利益を求めると失敗するので、おとなしく市場平均に連動した資産成長にとどめておこうと思うわけです。

インデックス投資も積み立て投資も素晴らしい投資で、ぜひ継続すべきなのですが、せっかくもっと豊かになりたいと思って新しいチャレンジをした人が、自分に合わない投資に挑んで失敗するのはとても残念なことです。

なにも**リスクの高い個別株やＦＸに手を出さなくても、インデックス投資の範囲内でもっと豊かになれる方法はあります**。それが「▲《マイナス》5％ルール投資法」です。

本書では、時間や知識、経験のない人でも簡単にできて、積み立て投資にプラスアルファの利益を狙える「▲5％ルール投資法」を紹介しています。どんなに忙しい人でも、週末に10秒の時間を割くことができれば、だれにでもできる投資法です。

しかもこの投資法は、積み立て投資と一括投資を組み合わせるもので、新ＮＩＳＡ

の枠組みにピッタリとハマります。新ＮＩＳＡは、まさにこの投資法を実行するために設計されたのではないかと思うぐらいにピッタリなのです。

積み立て投資をしない人でも可能な手法ではありますが、ぜひ新ＮＩＳＡという有利なしくみをフル活用して、本書の投資法に挑んでもらいたいと思っています。

第1章では新ＮＩＳＡのしくみを解説し、第2章では積み立て投資について説明し、第3章以降では私が編み出した「▲5％ルール投資法」を紹介しています。新ＮＩＳＡや積み立て投資についてすでによく理解している方は、第1章と第2章は飛ばして、第3章から読み始めていただいてもかまいません。そして第5章では、積み立て投資と「▲5％ルール投資法」で作った資産をうまく換金し、使っていくための出口戦略について解説しています。

長期・分散の積み立て投資を続けているなら、老後資金の準備は問題ありません。それにプラスして、「▲5％ルール投資法」を実行すれば、利益をより大きくし、老後を待たずに生活をより豊かにすることが期待できます。

投資に時間や労力を割く必要はありません。毎週10秒のサクッと投資で豊かさを手に入れ、空いた時間はあなたの仕事や人生をより充実させることに使ってください。

第2章 「勝率100%」の積み立て投資を徹底分析

第3章 50年の過去実績で導き出した、素人でも必ずできる投資法

第4章

1億円も夢じゃない！「▲5%ルール投資法×新NISA」実践編

第5章 リスクとリターンを最適化する出口戦略は「債券・金・株式」

おわりに

●本書の内容の多くは、2023年12月時点の情報に基づいています。
●本書刊行後に法律や制度、各社サービスの内容が変更される可能性があります。予めご了承ください。
●金融サービスや金融商品の詳細については、各金融機関にお問い合わせください。
●本書は著者個人の経験や分析であり、いかなる見解や意見も、読者に利益を保証するものではありません。読者に損害が生じても、著者および出版社はいかなる責任も負いません。取引銘柄の選択、売買価格等の判断はご自身の責任で行ってください。

第1章

知識ゼロでもわかる！
超オトクな
「新NISA」とは

新NISAを使って投資をすれば、より多くの利益を残せる

2024年1月に、新NISAがスタートしました。とても有利に投資ができる制度で、全国民が活用すべきだと思えるほど充実したしくみです。

NISAの正式な名前は、「少額投資非課税制度」。その名の通り、この制度を使えば少額の投資が非課税で可能になります。

本来、投資で利益を出すと、その利益に約2割（20・315％）の税金が課せられます。たとえば、100万円を投資して成功し、1・5倍の150万円になった場合、利益である50万円に約2割の税が課されるため、実際に手元に残る利益は40万円を下回ります。せっかく50万円の利益を出しても、そのうち10万円以上は税金として手元から出て行ってしまうことになります。

もちろん、8割程度の利益は残るので損をするわけではありませんが、少々残念な思いを抱えてしまうわけです。

ところが、新NISA口座で投資をすれば、利益に課税されることなく、全額を自分のものにできます。非課税になる条件として投資額には制限があるものの、利益の額には制限がないので、利益が大きくなればなるほど非課税のメリットを受けられます。

たとえば、利益が10万円なら2万円以上の税金が免除されますが、100万円の利益を出せば本来払うべき20万円以上の税金が手元に残ることになります。1000万円の利益を出せば、なんと200万円以上の税金を払わずに済むことになるのです。

1000万円の利益なんてとても無理、と感じる人もいるでしょうが、本書で紹介する投資を継続すれば、一般的な収入や資産の人でも数千万円の利益を出すことは決して難しくありません。これだけの利益を出した時、そこに課税されるかされないかで、手元に残る利益の額が数百万円単位で変わってくることになります。

序章ですでに述べた通り、**今や投資は、NISAがあろうがなかろうが必須のスキルとなっています。そこにNISAという武器が加われば、いっそう有利に投資ができるようになる**わけです。

2023年以前にもNISAの制度はありましたが、非課税で投資できる期間や金額の制限が新NISAと比べて厳しく、恩恵もあまり大きくありませんでした。それが24年に始まった新制度では制限が緩和され、より使いやすく便利になったため、改めて注目を集めているのです。

新ＮＩＳＡには「つみたて投資枠」と「成長投資枠」がある

かつてのＮＩＳＡでは、個別株など多彩な投資に対応する「一般ＮＩＳＡ」と積み立て投資専用の「つみたてＮＩＳＡ」を選んで使うしくみでした。

しかし、新ＮＩＳＡではひとつの制度の中に積み立て投資専用の「つみたて投資枠」と個別株などにも投資可能な「成長投資枠」が設けられ、双方を利用できるようになりました。

積み立て投資とは、毎月決まった額で金融商品を定期的にコツコツ買い付けていく投資法です。一般的には、投資初心者は投資のタイミングに悩む必要のない積み立て投資、上級者は上がりそうな株を選んで投資する個別株投資が向いているというイメージがあるようです。

しかし実際は、投資上級者でも積み立て投資をしますし、初心者でも個別株にチャレンジしてみたいという思いはあるものです。

新NISAであればどちらかを選ばなくても、つみたて投資枠でコツコツと積み立て投資を継続しながら、絶好の投資タイミングがやってきた時には成長投資枠でまとまった金額を投じるといった方法が可能になりました。

つみたて投資枠で投資できるのは、金融庁が定めた条件に合致する、長期投資に適した投資信託（ファンド、投信）に限られています。投資信託とは、投資家から集めたお金をひとつの大きな資金としてまとめて、専門家が運用してくれる金融商品のことです。

値上がりしそうな株式や債券を専門家が選んで投資する商品もあれば、投資成果がS&P500や日経平均株価などの指数（インデックス）に機械的に連動する商品もあります。前者はアクティブファンドと呼ばれ、後者はインデックスファンドと呼ばれます。インデックスファンドは投資対象にひもづいている指数が上昇すればその投

図1　新NISAで投資できる金融商品

つみたて投資枠	成長投資枠
金融庁が指定した投資信託　約280本	金融庁が指定した投資信託　約1800本
	日本株
	東証ETF（上場投資信託）　約230銘柄
	REIT（不動産投資信託）　約60銘柄
	米国株等の外国株
	海外ETF

資信託も値上がりしますし、下落した場合も連動します。

　投資信託には投資する時にかかる「販売手数料」や、保有している間に払う「信託報酬（運用管理費用）」といったコストがかかります。新ＮＩＳＡのつみたて枠では、販売手数料が無料で信託報酬も安く、長期にわたって安心して積み立て投資を続けられる投資信託が数多く選定されています。

　具体的には、日経平均株価、ＴＯＰＩＸ、アメリカの代表的な株価指数であるＳ＆Ｐ５００などに連動するインデックスファンドが中心です。加えて、世界中の株式市場にまるごと投資できる商品や、債券やＲＥＩＴ（不動産投資信託）などに分散投資する商品もあります。数は少ないのですが、指数連動ではなく、独自の運用をするアクティブファンドもあります。

一方、成長投資枠は、日本の株式市場に上場する個別株やＥＴＦ（上場投資信託）のほか、不動産を対象とするＲＥＩＴ（不動産投資信託）や海外の個別株などにも投資できます。つみたて枠で投資できない投資信託も、一部を除き対象になっています。

誤解されやすいのですが、つみたて枠で投資できる投資信託も、成長投資枠で買うことができます。ふだんはコツコツと積み立てて、同じ商品をスポット的に成長投資枠で買い足す、ということもできるわけです。後述しますが、ここが本書で紹介する投資法のキモになります。

新ＮＩＳＡは１８００万円まで、何度でも投資できる

非課税投資はとても有利なしくみなので、際限なくできるわけではなく、上限が設けられています。新ＮＩＳＡの非課税投資枠は１８００万円です。世帯ではなく個人での上限なので、夫婦世帯であれば合わせて３６００万円まで非課税投資ができることになります。

この枠は、投資した時点の金額が基準です。たとえば、１０００万円を投じた株や投資信託が２０００万円に値上がりしたとしても、値上がり分は枠の計算に入らないので残り８００万円分の追加投資が可能です。

ただし、１８００万円の枠のうち、成長投資枠は１２００万円までという制限があ

ります。つみたて投資枠には制限はなく、1800万円をすべて積み立て投資に使ってもかまいません。

成長投資枠が1200万円を超えない範囲内であれば、配分は自由に設定できます。つみたて枠と成長投資枠を900万円ずつ使ってもいいですし、つみたて枠が800万円、成長投資枠が1000万円といった使い方も可能です。

個別株投資に最大限枠を使いたいという場合は、1200万円を成長投資枠とし、残りの600万円のつみたて枠は使わずに置いておくか、積み立て投資をするかのどちらかになります。

ただ、いずれの枠も一度には使えず、1年に投資できる額が決まっています。つみたて枠が年120万円、成長投資枠では年240万円が1年で投資できる限度と定められています。このため、つみたて枠と成長投資枠を合わせた年間の上限360万円を投資し続けると、最短5年で非課税枠が埋まることになります。

毎月同じ金額を積み立て投資する場合の上限は月10万円になり、新NISAの総枠1800万円をすべて積み立て投資に使うのであれば、月10万円を15年間投資し続け

図2　新NISAのつみたて投資枠と成長枠

併用可（つみたて投資枠・成長投資枠）

	つみたて投資枠	成長投資枠
年間投資枠	120万円	240万円
非課税保有限度額（総枠）	1800万円（売却すれば、枠の再利用が可能）	1800万円（売却すれば、枠の再利用が可能） 1200万円（内数）
非課税保有期間	無期限	無期限
口座開設期間	恒久	恒久
投資対象商品	長期の積立・分散投資に適した一定の投資信託 （以前のつみたてNISA対象商品と同様）	上場株式・投資信託等 （①整理・監理銘柄、②信託期間20年未満、③毎月分配型の投資信託及びデリバティブ型等を除外）
対象年齢	18歳以上	18歳以上

られることになります（月10万円×15年＝１８００万円）。

また、月5万円の積み立て投資をする場合、成長投資枠を使わないのであれば30年間（月5万円×30年＝１８００万円）、積み立て投資を継続できます。そのうち６００万円を成長投資枠に使う場合なら、20年間積み立て投資ができる計算です（月５万円×20年＝１８００万円－６００万円＝１２００万円）。

新ＮＩＳＡでの積み立て投資は必ずしも毎月同額である必要はなく、年１２０万円の範囲内であれば通常月とボーナス月の積立額を変えるといった柔軟な設定も可能です。もちろん、枠を超えない分には設定する金額は自由なので、少額でもかまいません。

ちなみに旧制度では、つみたてＮＩＳＡは年40万円で20年継続すると最大８００万円、一般ＮＩＳＡは年１２０万円が5年なので総額６００万円の非課税投資枠がありました。このいずれかを選択するしくみだったので、新ＮＩＳＡでは非課税枠が倍以上に増えたことになります。

非課税投資できる期間は無期限！生涯にわたって非課税投資を続けられる

旧制度のＮＩＳＡは非課税投資ができる期間が限られており、つみたてＮＩＳＡは20年間、一般ＮＩＳＡは5年間とされていました。しかし新ＮＩＳＡではこれが無期限となり、期限を気にせず投資を続けられるようになりました。

第2章でも詳しく紹介しますが、**投資は長く続ければ続けるほど利益を出しやすくなり、利益を大きく育てることも可能になります**。１８００万円も投資ができて、期限もないとなれば、一般的な収入の人であれば新ＮＩＳＡの中だけで投資を完結でき、一度も税金を払うことなく利益を全額手にできるのではないでしょうか。

さらに、新ＮＩＳＡでは、非課税枠で投資した金融商品を売却した場合、空いた枠を再利用して何度でも投資することができます。旧制度では一度非課税投資をしてそれを売却すると、その枠は二度と使えなかったので、新制度では非課税投資ができる金額が事実上さらに増えることになります。

ただし、投資総額が上限に達した人が一部を売却したとしても、売ったその日にすぐ再利用できるわけではなく、枠が空くのは翌年以降という制限があります。新NISA口座にある金融商品を売却すれば、その日のうちに枠が復活して、すぐに別の投資ができると誤解する人がいますが、年間投資枠を使い切ってしまった場合は、翌年にならないと新しい投資はできません。

このため、新NISAでの投資は基本的には中長期保有が前提となり、1日で売買が完結するデイトレードや数日で終わらせるスイングトレードなどには向きません。

また、1800万円の枠を使い切っていない状態であっても、つみたて枠と成長投資枠それぞれに年間投資額の上限が設定されており、それを超えた投資はできないことにも注意が必要です。

たとえば、2024年の6月までに1年間の成長投資枠240万円を使い切ってしまった人が、7月にその一部を売却しても、成長投資枠での新しい投資は翌年にならないとできないことになります。

また、24年から28年までの5年間で1200万円の成長投資枠を使い切ってしまった人が、枠を復活させる場合も同様です。そのまま持ち続ければ翌年の成長投資枠はゼロですが、29年を迎える前までにいくらかを売却しておけば、29年からその分の非課税投資枠が復活します。この場合も、売ってすぐ復活するわけではない点と、1年間の投資枠の制限が続くことには注意しましょう。

新NISAにもデメリットはある

新しいしくみになったことで劇的に使いやすくなった新ＮＩＳＡではありますが、デメリットがないわけではありません。

新ＮＩＳＡでは利益が出た時に課税されない代わりに、課税口座（利益に対して税金がかかる口座）で損をした時に利用できるしくみが使えなくなっています。具体的には、**他の口座との損益通算と、翌年以降の損失の繰越控除ができない**のです。

課税口座である特定口座では、利益が出た取引と損を出した取引があれば、自動的に相殺して最終的に残った利益にのみ課税がされます。たとえば、１００万円の利益を出した取引と、40万円の損を出した取引があれば、最終的に60万円の利益にのみ課税されるのです。

複数の金融機関で投資をしている場合でも、利益を出した口座と損を出した口座がある時は、確定申告をすることで相殺してもらえます。複数の口座の利益と損失を相殺したうえで税額の計算をし直すことができ、余計に源泉徴収された税の一部を戻してもらうことができます。

また、最終的に損失が出てしまった場合は、確定申告をすることでその損失を翌年以降（最長3年）に繰り越すことが可能です。翌年の投資で利益が出た場合は、繰り越した前年の損失を差し引いて税額を計算してもらえるので、その分の納税額を減らすことができます。


ところが、新NISAの場合、損益通算も損失の繰越控除も認められていません。新NISAで損失を出し、課税口座で利益を出した場合、相殺することはできないのです。

要するに、新NISA口座で損失を出してしまうと、課税口座で損失を出す場合よりも不利になるので、新ＮＩＳＡではなるべく損を出しにくい投資をするという視点も重要になります。

また、旧制度ではジュニアＮＩＳＡという未成年向けの口座があり、子ども自身の教育費を積み立てたり、家族の非課税枠を増やすために利用する人がいました。しかし、新制度では未成年向けの制度はありません。24年以降に新ＮＩＳＡ口座を開設できるのは18歳になってからなので、子どもの教育費に充てたいという場合であっても親の口座を使う必要があります。

証券会社は一生付き合うつもりで選びたい

旧制度のＮＩＳＡ口座を持っている人であれば、変更の手続きをしない限り、同じ金融機関でそのまま新ＮＩＳＡの口座が開設されます。新しく開設をする場合は、金融機関を選んで手続きをします。

金融機関は大手ネット証券をおすすめします。つみたて枠で投資できる投資信託は約２８０本ありますが、そのすべてを取り扱っている金融機関は実はあまり多くありません。大手ネット証券なら約２００本を取り扱っており、投資できる対象が圧倒的に多いので、生涯にわたって投資を続けていくことを考えると、選択肢が多い方が安心です。

本書で紹介する積み立て投資と▲5%ルール投資法を実行していくだけなら、大手ネット証券のどこでもOKではあります。ただ、さらに進んで投資先を広げたり、ステップアップしたりする可能性まで考えるのであれば、現状ではSBI証券が最もおすすめできる金融機関です。債券の取り扱いが多いうえ、IPO（新規上場・新規公開株式）の割り当て数も多いので、将来、債券やIPO投資に興味を持った時も比較的投資しやすいからです。

ちなみに、給与が振り込まれる銀行で新NISA口座を開きたいという人もいるかもしれません。銀行でも新NISA口座を開設して投資信託に投資することは可能ですが、個別株（日本株や米国株）などの別の商品に投資したくなった場合に対応できないというデメリットがあります。また、投資信託も取り扱い数が少ないところが多いので、この機会に証券会社で口座を持つことをおすすめします。

新NISA口座を持つ金融機関を途中で変更することは可能ですが、手続きが面倒です。**新NISA口座を開く金融機関はよほどのことがない限り変更しない前提で、一生付き合うつもりで選びましょう。**

旧NISAと新NISAは完全に独立している

すでに旧制度のＮＩＳＡで非課税投資をしている人は、**新旧の口座はまったく別の口座として管理される**と理解してください。旧ＮＩＳＡで保有している株や投資信託はそのまま保有を継続でき、新ＮＩＳＡの枠には含まれません。旧ＮＩＳＡでの非課税投資期間が終われば課税口座に移されますが、新ＮＩＳＡ口座に移すことはできません。非課税での保有を続けたいなら、いったん売却して新ＮＩＳＡ口座で買い直す必要があります。

旧制度のつみたてＮＩＳＡの場合は、投資した年から20年間非課税で保有できるので、20年の非課税期間か、その範囲内で投資しようとしていた期間が終わるまで、そのまま保有を継続しましょう。

つみたてＮＩＳＡで投資する金融商品や金額、引落日といった積み立ての設定は、何もしなければそのまま新ＮＩＳＡのつみたて枠に引き継がれています。同じ内容で積み立て投資を継続するなら、何もする必要はありません。ただし、23年までの投資分はつみたてＮＩＳＡ、24年から投資する分は新ＮＩＳＡのつみたて枠に入り、別の口座で管理されることになります。

一方、旧制度の一般ＮＩＳＡで保有している商品は、投資した年を含めて5年間、非課税で運用を継続できます。もちろん、途中で売却するのは自由ですし、非課税期間が終わる際には、売却するか、課税される特定口座に移すかを選択するしくみです。これまではロールオーバーといって、さらに5年間非課税投資を続ける選択もできましたが、今後はできなくなります。

課税口座で保有している金融商品はどうするべきか

個人投資家のみなさんからいただく新ＮＩＳＡ関連の質問の中で特に多いのは、特定口座などの課税される口座ですでに保有している株や投資信託をどうするのが良いか、ということです。

２０２３年までの旧ＮＩＳＡの口座で保有している分は、投資してから5年間は非課税投資を継続できるので保有していて問題ありませんが、特定口座で保有している分が値上がりして利益が出ると課税されてしまいます。加えて、定期的に受け取る配当にも課税されてしまいます。

課税口座から新ＮＩＳＡに移すことができればいいのですが、それは不可能なので、いったん売却して新ＮＩＳＡ口座で買い直したほうがいいのかと、迷う投資家が多いようです。

残念ながら、この問題にはすべての人に当てはまる正解はありません。新ＮＩＳＡ口座を短期間で埋められる程度の資金があるかないか、特定口座で保有している株や投資信託が２０２４年以降に上昇するか下落するか、また、３章以降で紹介する▲５％ルール投資法で必要な資金をどれぐらい確保できているかといった要素によって、結論がまったく異なるからです。

これぞという回答を出せるわけではありませんが、判断のポイントを紹介しておきましょう。

①　新ＮＩＳＡ口座を埋められる資金があるか

特定口座でどれだけ資産を持っていたとしても、十分な現金があって、24年から新ＮＩＳＡの非課税投資枠を埋めていける資金力がある人なら、わざわざ課税口座の資産を売却して移す必要性はあまりないでしょう。

ただ、多くの人はそこまでの資金はありません。すでに特定口座で保有している株や投資信託に、将来発生すると期待される値上がり益と配当・分配金に課税されないことを重要視するのであれば、特定口座の金融商品を売却して、すぐに新ＮＩＳＡ口座で同じ商品を買い直すのが最適な選択肢になります。

ただし、その金融商品に含み益がある場合、売却した時点で利益に課税されてしまうことには注意してください。含み益とは、購入時よりも値上がりをして発生している利益のことです。売却すると約20％の税金が源泉徴収されてしまうので、同じ金額で買い直すことができなくなります。

たとえば、とある株式を株価が５０００円の時に１００株買ったとします。購入金額は50万円です。その株式が７０００円に上がった時点で売却したら、売却金額は70万円です。利益の20万円には約20％の税金がかかります。約４万円が源泉徴収されることになるので、売却して得られる資金は約66万円となり、同じ株価で１００株を買い直すには資金を追加しなければならなくなります。

また、成長投資枠の年間投資額の上限にも注意してください。たとえば、特定口座に1000万円分の個別株を持っていたとしても、最初の年に買い直せるのは240万円分に限られます。特定口座から新NISAに移したいなら、5年以上の時間をかける必要があるわけです。

②　新NISA口座で買い直したあとで利益を出せるか

新NISA口座で買い直したあとにぐんぐん上昇したなら、買い直しは大正解となり、それ以降の利益を非課税にできるわけですが、逆に下落してしまったらかなり残念な事態になります。

課税口座であれば損切りをしても他で利益が出ていれば損益通算できますし、最終的に損失が残ったとしても翌年に繰り越すことで翌年以降の税を軽減できますが、新NISA口座で保有しているとこれらのしくみは一切使えません。

そのため、新NISAにはなるべく損失を出しにくいものを置いておくのが良いのですが、正確に将来の株価を予想するのは不可能です。また、ハイリスクハイリターンという言葉通り、損失リスクの高い銘柄は、うまくいけば莫大な利益を叩き出して非課税メリットをたっぷり享受できる可能性もあるので、むしろ新NISAに向くという考え方もあります。

このため、結局はこの観点でも正解を出すのは不可能で、自身が何を重視するかで判断するしかありません。たとえば、配当や株主優待を長期で受け取り続けるのが目的で多少値下がりしても売却するつもりがない銘柄や、逆に大損失を覚悟の上でハイリターンを狙うリスクの高い銘柄を新NISAに移すという判断もあり得るでしょう。

③ ▲5%ルール投資法に必要な資金が確保できているか

このあと紹介する▲5%ルール投資法を実践する場合、そのための資金が必要になります。特定口座で保有している資産を▲5%ルール投資法の資金にしたいという場合には、売却して現金化しなければなりません。

▲5%ルール投資法を実践するのは株式市場が暴落している時です。そのため、投資する必要が生じてから売却をすると、とても安い価格で手放すことになってしまいます。しかも、売却で得た資金を次の投資に使えるようになるまでには数日のタイム

ラグが生じるため、絶好の投資タイミングを逃してしまう可能性があるのです。

だからといって事前に売却し、現金化しておく場合も、デメリットがあります。▲5%ルール投資法では投資のシグナルが点灯した時に投資をしますが、それは平均して年1回程度で、一度も点灯しない年もあります。事前に現金化しておくと、シグナルが1年以上点灯せずに上昇し続けるような相場では、その上昇を取り逃してしまう機会損失が生じてしまうのです。

もし、相場が天井圏で、値上がりしている特定口座の資産を売却して利益確定し、直後に暴落局面が訪れて▲5%ルール投資法を実行できれば最高のシナリオではありますが、そんなことはだれにも予測できません。ですから、上昇局面で株を保有しておくことを重視するなら課税口座で投資している資産はそのままに、▲5%ルール投資法のシグナル点灯時に投資資金がない事態を避けたいなら事前に売却して備えるというように、自身が何を重視するかで対応は変わることになります。どちらも嫌だということであれば、特定口座はそのままにしておき、▲5%ルール投資法のための資金をコツコツ貯めていく必要があるでしょう。

第2章

「勝率100％」の積み立て投資を徹底分析

積み立て投資は魅力がいっぱい

第1章で解説した通り、新ＮＩＳＡにはつみたて枠と成長投資枠があり、両方を使うことができます。必ずしも両方を使わなければならないわけではなく、１８００万円の枠すべてをつみたて枠として使うことも可能です。ただし逆はＮＧで、すべてを成長投資枠として使うことはできません。

これは、多くの個人投資家に積み立て投資をしてほしいという金融庁のメッセージだと考えられます。なにしろ積み立て投資は、簡単でだれにでも勧められる、とてもすぐれた投資方法だからです。

積み立て投資は、毎月一定の額で特定の金融商品を買い続ける投資方法です。積み立て投資と最も相性の良い金融商品は投資信託で、さまざまな投資対象に分散投資ができるうえ、毎月の投資額は自由に設定できます。

投資信託の銘柄と毎月の投資金額を決めて金融機関で積み立ての設定をすれば、あとは何もしなくても毎月同じ日（指定した日が土日祝の場合はずれます）に同じ額が銀行や証券会社から引き落とされ、投資されていきます。

給与の振込口座から自動で引き落としたり、クレジットカード決済に対応しているところもあります。

私が考える積み立て投資の魅力は大きく分けて次の4つがあります。

積み立て投資の魅力① 少額から投資をスタートできる

投資はいくら勉強して知識を蓄えても、それだけでは1円も増えません。少額でいいので、まずはトライすることが重要です。投資が初めてで不安を感じる人やお金が減るのは怖いと感じる人でも、**積み立て投資は少額でスタートできるので、練習として最適**なのです。

多くの人は資産が減ることが許容できないというより、体験したことがないために不安を感じているものです。まずは少額でスタートしてみて、実際に自分が投じた資産がどのように変動していくかを体感することで、心理的ハードルは下がります。

積み立て投資は大手ネット証券であれば100円、それ以外の証券会社でも1000円や5000円からスタートできるところが大半です。こうした金融機関を選べば、お小遣いの範囲で投資を始められます。

現実として資産形成を目指す人が数百円や数千円の積み立てをしてもあまり効果はありませんが、人間は欲が出てくるもの。少額で継続して利益が乗ってくると、もっと儲けたいという思いが頭をもたげてきて、積立額を増額したくなるものです。

そうなったら練習期間を終了し、自分に合った金額に設定しなおせば良いのです。もちろん、練習は必要ないという人であれば、最初から適切な金額を設定してOKです。金額の決め方については、第3章で詳述します。

積み立て投資の魅力②
タイミングを計らなくて良い

一度にまとめて投資する一括投資の場合は、投資したあとに下落相場に見舞われると、大きな含み損を抱えることになります。市場環境が回復すれば利益に転じることも十分期待できますが、それには長い時間を要することもあります。

このため、投資タイミングは慎重に見極める必要があり、いつ投資すればいいのかわからず最初の一歩を踏み出せない人も少なくありません。相場が上昇していると「今は高すぎるのでは？」と心配し、逆に相場が下落していると「ここから、さらに下がるのでは？」と不安になるのです。

仮に、今の株価が1か月前より大きく上昇していて「高すぎるのでは？」と感じたとしても、今後さらに力強く上昇し、過去最高値を更新していくかもしれません。逆に、「もっと安くなってから投資したい」と様子見しているうちに、株価がグングン上昇していき、「あの時買っていたら」と後悔することも〝投資家あるある〟です。

もちろん、待っていれば期待通りに下落に転じることもあります。しかし、思惑通りに下落したからといってすぐ買えるかといえば意外とそうでもなく、「もっと下がるかもしれないから」と様子見したくなってしまいます。そんな時に限って、あっと言う間に反転し、「やっぱりあの時買っていたら」と再び後悔することになるわけです。

今の水準が安いのか高いのかは、将来の姿がわからなければ判断できません。目の前の値動きにいちいち翻弄されて迷っていては、一生買うことはできないでしょう。

要するに、どんなに考えても、寝ないで勉強しても、絶好の投資タイミングを完全に当てることは不可能です。できたとしても、それはたまたま運がよかっただけです。これはプロでも同じ。百戦錬磨の機関投資家であっても、100%の正解を出し続けられる人はいません。

それでも、**毎月投資し続ける積み立て投資であれば、いつスタートしてもOKなので迷う必要がありません。上昇していく相場に乗ることも、下落しているバーゲン相場で安く拾うことも、両方が可能になります。積み立て投資には高い時も安い時も投資を続けていくことで投資タイミングを分散する効果があるので、今が高いのか安いのかといった判断をする必要がないのです。**

当然ながら、早く始めるほど投資元本が積み上がっていきます。1日も早く、思い立ったらすぐ始めるのがベストです。

積み立て投資の魅力③ 暴落相場が怖くなくなる

一括投資であれば、投資した直後に暴落相場がやってくると目もあてられない惨事になってしまいますが、積み立て投資ならまったく心配いりません。高値で買ってしまったのは最初の数か月だけで、目の前の暴落相場は願ってもないバーゲン価格で投資できるボーナスステージです。この暴落相場は長いほど、また下落幅が大きいほど、回復した時の利益を大きくできます。

なぜ暴落相場がボーナスステージなのか、価格が変動するトマトを6か月の間、毎月100円分買い続けると考えてみましょう。

最初の月のトマト価格は100円なので1個、翌月は50円に値下がりしたので2個、というふうに、どんどん値下がりするトマトを毎月100円分買い続けていく投資をイメージしてください。4か月目には10分の1の10円にまで値下がりしましたが、ここで底打ちし、最後の6か月目には50円にまで回復しました。それでも投資を始めた時の半値までしか戻っていません。

6か月間で投じた合計600円の資金を、もし最初の月で全額投資していたら、最終的に買えたトマトは6個。この時点では価格は半減しているので、保有しているトマトの価値は300円にしかなりません。

一方、積み立て投資の場合、買えたトマトの数はなんと25個です。6か月後の価値は1250円で、投資した元本は倍以上に増えた計算になります。投資を始めてすぐに暴落に見舞われたうえ、**投資期間が終わった時のトマトの価値はスタート時の半分まで下落しているにもかかわらず、最終的に資産は倍以上に増えている**のです（図3）。

いったいどうして、こんなことが起こるのでしょうか。

それは、途中の暴落相場を経験したからにほかなりません。暴落相場では安く買うことができるので、この間にたっぷりと仕込んでおけば、最終的にはスタート時まで価格を戻すことができなくても、少し回復するだけで利益が出るのです。

この例ではトマト価格が50円に回復した時点で投資をやめていますが、100円に戻るまで待つことができれば、600円の投資を2500円まで増やせる計算になります。

図3　価格はスタート時の半値でも、資産は倍以上に増える

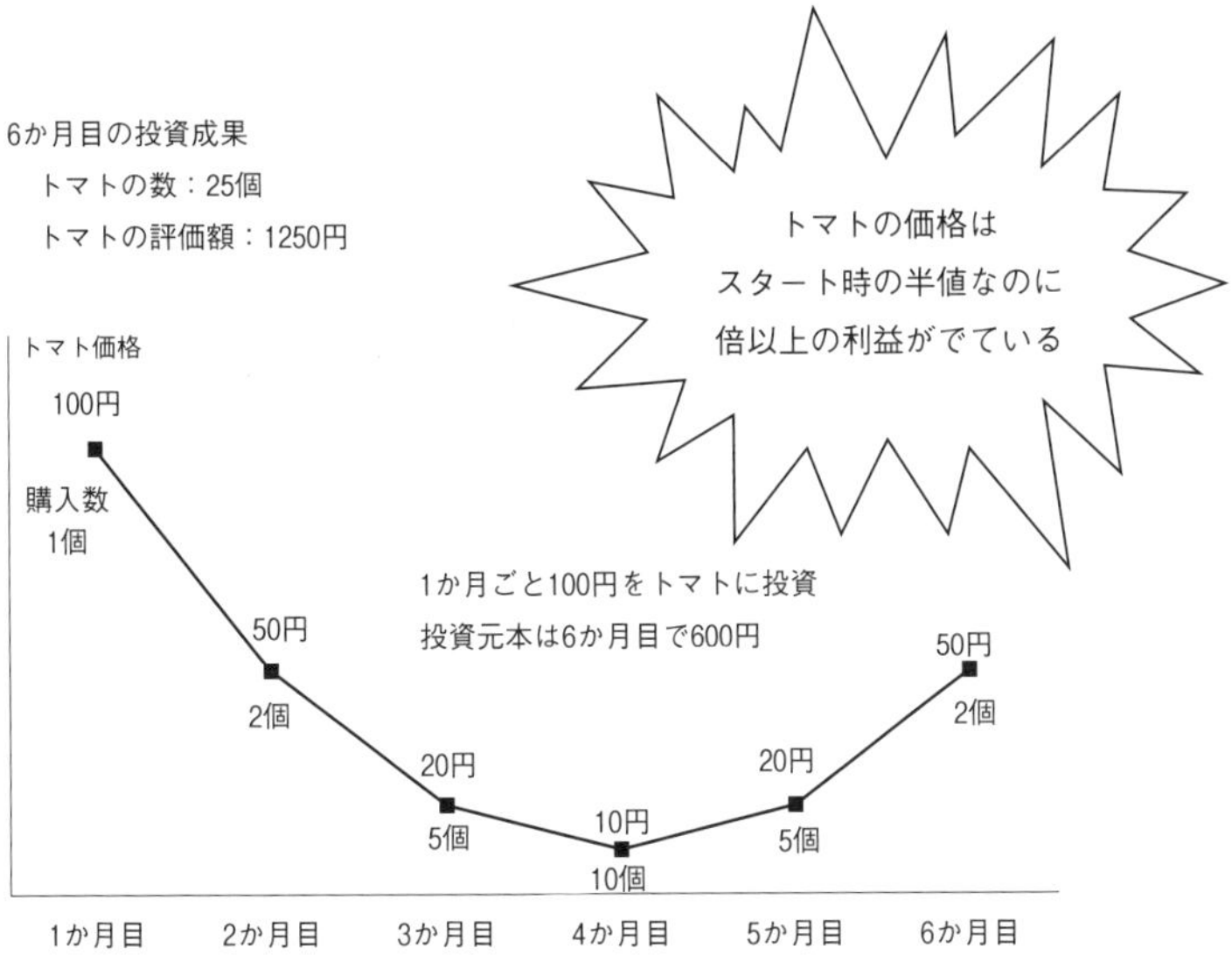

一括投資で100円に戻るのを待った場合、投資した額に戻っただけでプラスマイナスゼロです。それなのに、積み立て投資ならその時点で資産は4倍を超えるのですから、すごいことだと思いませんか。

もちろん、暴落の真っただ中では、すでに買ってある資産は元本割れして含み損が出ます。トマトの例でも、10円まで下落した4か月目には前月まで300円投資したトマトの価値はわずか80円です。

これまでに投じた資産が3分の

1以下になっている状態で、精神的にとても苦しい局面です。ここで耐えきれずに投資をやめて損失を確定してしまう人もいるかもしれませんが、なんとか歯を食いしばって投資を続けることができれば、相場が回復した時には大きな利益を出すことができるのです。

価格が変動する対象を定額で買い付けていくことで、高い時には少なめに買い、安い時にはたっぷり仕込むことができます。こうすることで自然に高値づかみを防ぎ、投資価格を低めに抑えていくことができます。積み立て投資のこのしくみは「ドルコスト平均法」ともいわれ、昔から実践されているオーソドックスなリスクコントロール法です。**暴落相場は決して敵ではなく、積み立て投資家の強い味方**なのです。

積み立て投資の魅力④ 投資の宿敵である〝感情〟に左右されなくなる

投資の最大の敵は、下落相場でもなければ、景気の低迷でもありません。**投資家に損失をもたらす最も恐ろしい宿敵は、投資家自身の感情**です。

暴落相場が到来し、なんでも安くなっているようなタイミングは絶好の買いチャンスではありますが、現実にそこで投資ができる人はあまりいません。普段、「安くなったら買おう」と下落を心待ちにしている人でも、実際に暴落相場が来てその渦中にいると「このままどんどん下がっていくのでは？」と感じて、恐ろしくて買えなくなるからです。

同じことは、上昇している時にもいえます。暴落相場から一転、グングン上昇を始めた局面は、力強い上昇トレンドのスタートである可能性もあります。しかし、その上昇を目にすると、「前はあんなに安かったのに、今こんな高い価格で買いたくない」と悔しがる人や、「ちょっと上がり過ぎているようだから、そのうち下落に転じるのでは？」と怖気づく人が多くいます。そうなると、結局買うことができず、どんどん上がっていく相場を指をくわえて見ているだけになってしまうのです。

要するに、人間は感情に流されていると、下落局面でも上昇局面でも買うことができません。一度設定すれば自動で買い続ける積み立て投資の強みのひとつは、上昇局面や暴落局面のチャンスの時に、怖がることなく機械的に投資を続けてくれる点にあります。**投資家がいちいち判断をしなくても投資が継続されるので、投資の宿敵であ**

る感情に左右されなくなり、結果的にパフォーマンスが上がることが期待できるのです。

ちなみに、積み立て投資をする人にとっては、相場が上昇すれば過去に買いつけている資産の価値が上がるので、うれしいことです。逆に相場が下落すれば、これから安く投資できるチャンスが広がるので、やはり喜ぶべき局面です。

要するに積み立て投資は、上がっても下がっても投資家にメリットがあるので、市場の変動に一喜一憂する必要がありません。どんな相場でも気にする必要がないので、忘れているぐらいが正解なのです。

2000年から24年間の積み立て投資で資産が5倍に！

それでは、実際に積み立て投資をしていた人は、どれだけの成果を出せているかを見てみましょう。アメリカの代表的な株価指数であるS&P500に連動する「SPDR® S&P500® ETF（SPY）」という金融商品に、2000年1月から直近の2023年12月までの24年間、毎月3万円を積み立て投資したケースを計算します。

24年間の投資金額の累計は、864万円です。図4では点線がこの投資金額を示しており、毎月同じ額だけ投資金額が増えているのでゆるい右肩上がりの直線を描いています。

図４　2000年１月～2023年12月の積み立て投資の成果

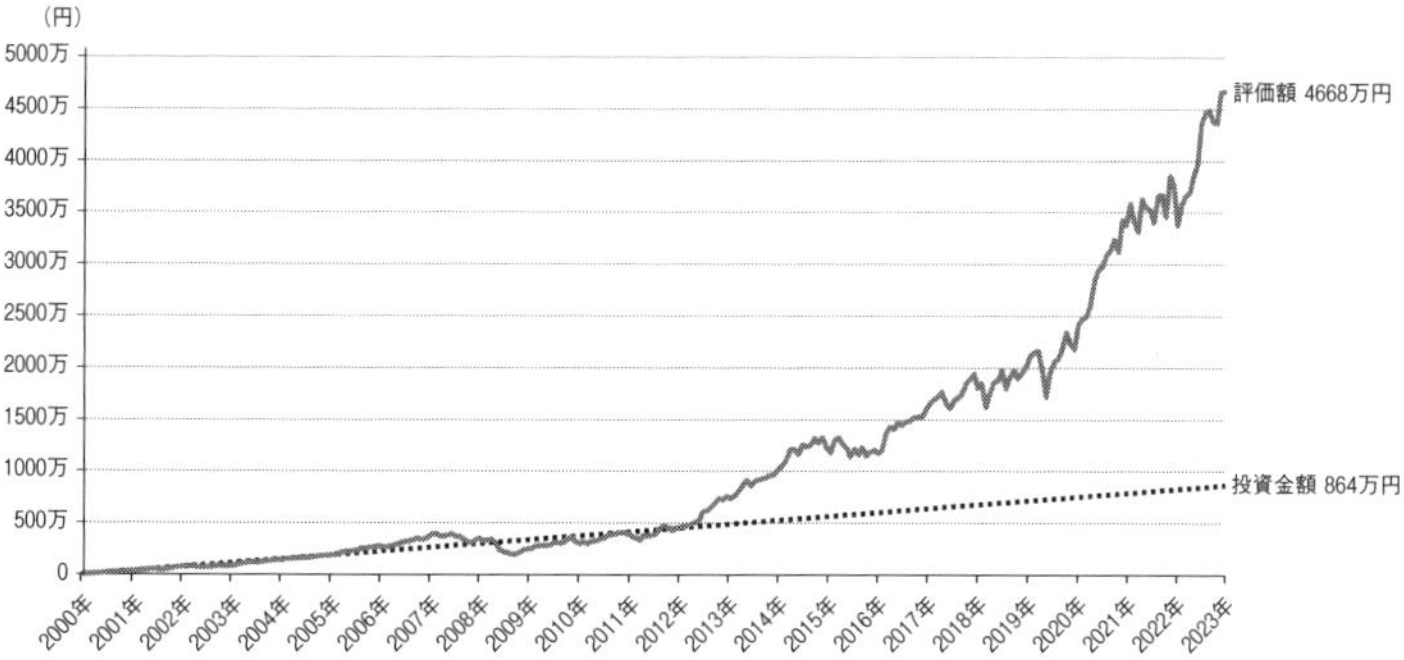

そして、この期間に積み立てた資産の評価額を示すのが実線です。株価は日々変動しているのでギザギザしてはいますが、大きな右肩上がりになっています。

24年の積み立て投資を終えた２０２３年12月の評価額は、４６６８万３９３９円。なんと、４４０％もの利益を叩き出しています。資産が約5倍に増えた計算です。40歳の人が月3万円の積み立てを愚直に継続しただけで、63歳には資産を5倍にできたことになるわけです。

日経平均株価とS&P500に同じ期間、一括投資と積み立て投資をしたら?

私は積み立て投資の対象として、アメリカの主要株価指数のひとつであるS&P500を勧めています。なにしろ、24年間の積み立て投資で資産を5倍にできたのですから、ここまで心強く納得できる材料は他にありません。

しかしそれは、たまたまこの期間、アメリカの株式市場の調子がよかったからではないか、と思う人もいるでしょう。たしかにそれも正解で、これからのS&P500が過去と同じような高いパフォーマンスを出し続けられるかと言えば、断言はできません。未来のことはだれにもわからないからです。

しかし、先に紹介したトマトの例でもわかるように、積み立て投資であれば、たとえ値動きが低迷していても、大きな利益を出せる可能性があります。

ここでは、S&P500ではなく、日本の日経平均株価に2000年4月から2020年3月までの20年間、最初に720万円を一括投資した場合と、月3万円の積み立て投資を続けた場合の成果を比較してみましょう。

スタート時である2000年4月の日経平均株価は、2万328円でした。一括投資の場合は、この時点で720万円を投資するとします。

20年後である2020年3月の日経平均株価は、1万8917円。20年の間、上がったり下がったりを繰り返していましたが、ゴールである20年目の最後にコロナショックに見舞われてしまい、結局投資をスタートした時よりも1400円ほど下落して投資期間を終了することになりました。投資した時の720万円は、20年後に674万円となり、20年かけて46万円損したという残念な結果になってしまいました（配当は考慮していません、以下同）。

しかも、20年間のほとんどの期間で元本割れ状態になっており、プラスになっている期間は1年ほどしかありません。720万円も投資したのに、ほぼ常に含み損を抱

図5　一括投資では投資タイミングを誤ると、20年経っても利益が出せないことも

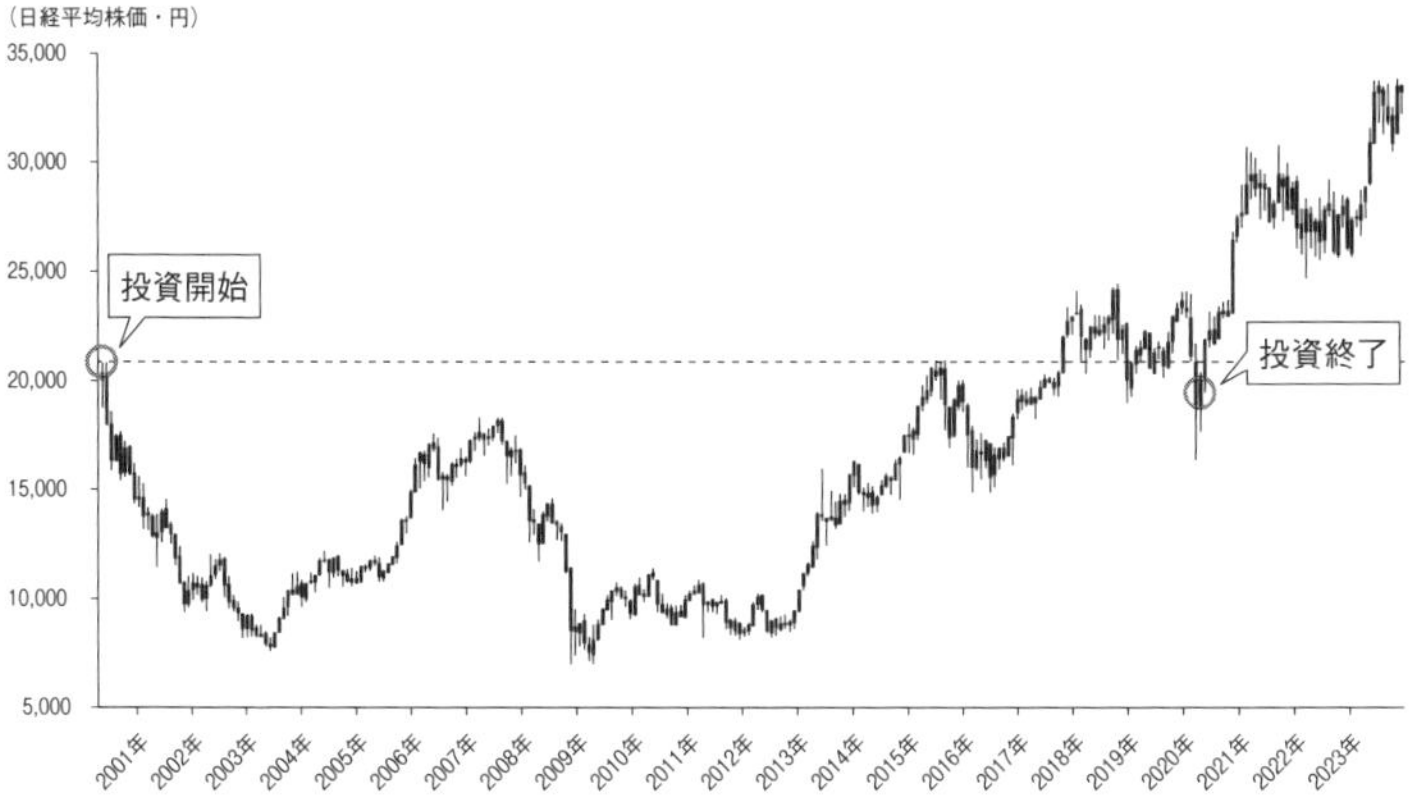

えて過ごすことになりました。

一括投資は投資するタイミングに成果が大きく左右されるので、最悪の期間を切り取ってしまうと、20年もの長い間投資を継続しても、このように損失を出してしまうことがあり得ます。チャートを見ればわかる通り、もう数年持ち続ければ利益を出すことはできますし、大底のタイミングで一括投資ができれば日経平均株価であっても十分な利益を出すことはできるのですが、投資をする時や投資をやめる時に、その時が最適なタイミングであるかどうかはだれにもわからないのが現実です。

図6　株価が上がらない期間でも、積み立て投資なら利益を出せる

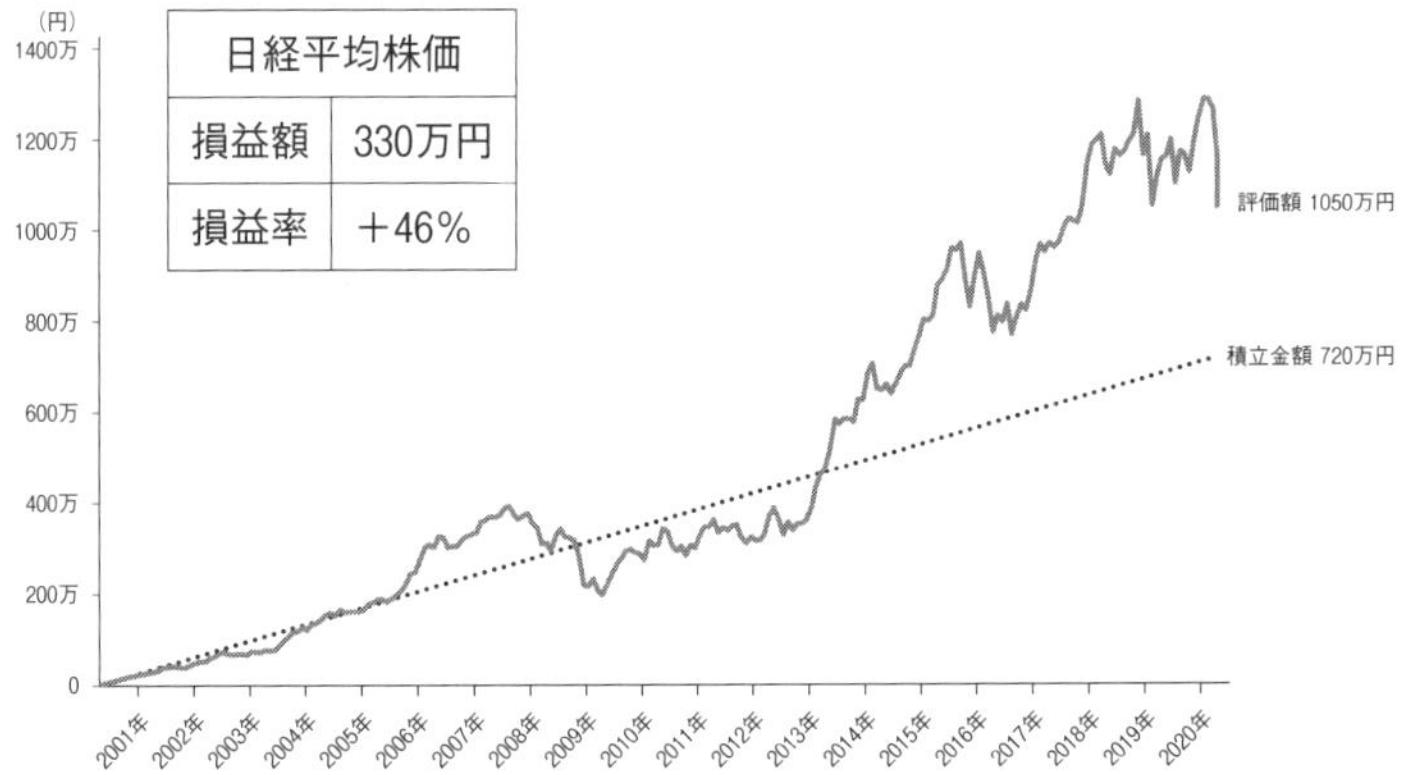

　では、同じ期間の20年、月3万円の積み立て投資を続けて、合計で一括投資のケースと同じ金額である７２０万円を投じた場合の結果はどうでしょうか。

　先ほどと投資した期間も金額も同じなのに、20年後には１０５０万円に資産を増やしているという結果が出ました（図6）。利益の額は３３０万円、率にして46％も資産を増やせたことになります。

　ゴール時点の株価がスタート時点の株価を下回っているのに利益を出せているのは、積み立て投資なら下落している期間に安く仕込み続けることができるからです。底値から多少なりとも回復していれば、利益が出しやすくなります。

つまり、積み立て投資であれば不運な期間に投資をしてしまったとしても、利益を出すことができるわけです。

20年で元本が1・9倍になった米国株への積み立て投資

では、同じ期間、日経平均株価ではなく、S&P500に積み立て投資していた場合はどうでしょうか。

投資元本の720万円は1371万円に成長し、651万円もの利益がでています。率にして90%の利益率で、20年で元本が倍近く増えた計算になります。日本の株よりアメリカの株の方が成長しているというイメージを持っている人は多いでしょうが、現実に投資成果はアメリカの株がはるかに上回っているのです。

しかも、同じ20年の間、S&P500に一括投資した場合の成果は1303万円で、日経平均の場合と同じように、積み立て投資のほうが利益を出せていました。

図7　S&P500に20年間積み立て投資をすると、資産が約2倍に

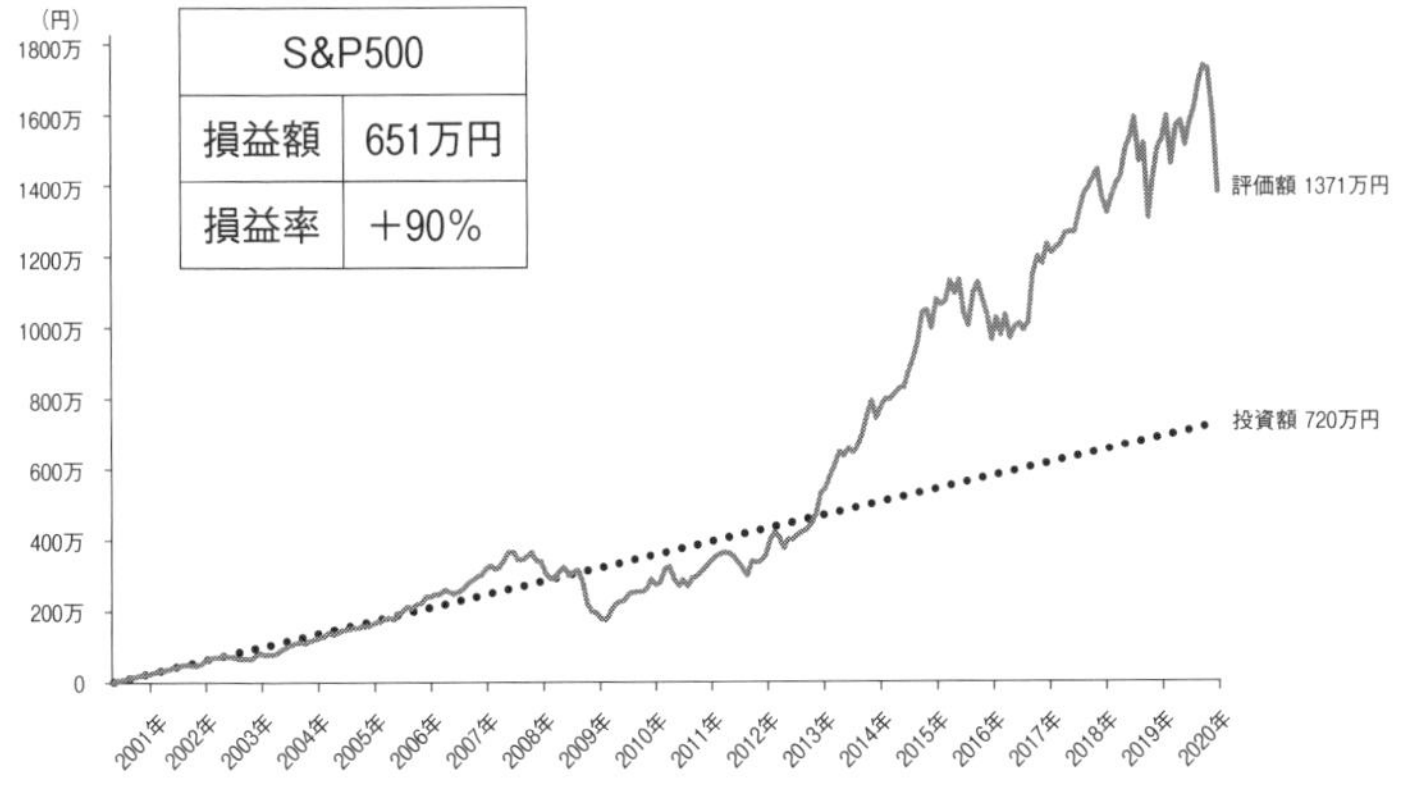

ただし、どんな相場でも常に積み立て投資の成果が一括投資を上回るわけではありません。この期間はリーマンショックという大暴落を経験したために積み立て投資で利益を出しやすくなっているだけであり、右肩上がりの相場を切り取れば一括投資のほうが儲かることがあります。**積み立て投資のメリットは、こうした右肩上がりの相場ではなくても、利益を出しやすくなる点にあります。**

とはいえ、どうせ投資するならパフォーマンスの良い対象に投資するほうが有利です。こうしたことから、私は自分のお客様に対し、積み立て投資の対象としてS&P500をおすすめしているわけなのです。

図8　2000年4月から2020年3月まで、720万円を一括投資と積み立て投資をした場合の成果

	日経平均株価	S&P500
一括投資	674万円 （46万円の損失）	1303万円 （583万円の利益）
積み立て投資	1050万円 （330万円の利益）	1371万円 （651万円の利益）

→ 一括投資で損をする期間でも、積み立て投資なら利益を出せる

未来のことはわからないので、これからのS&P500がこの期間の日経平均株価のような冴えない値動きを継続する可能性もゼロではありません。仮にそうだったとしても、積み立て投資であれば十分に利益を出せることになるのです。

元本割れする期間は必ずあると覚悟しよう

この積み立て投資の試算結果でもうひとつ、注目してほしい点があります。日経平均とＳ＆Ｐ５００のいずれのグラフ（図６・図７）でも真ん中のあたりに、投資した金額を示す直線よりも、評価額を示す折れ線が下回っている時期があります。これは、投資した額よりも評価額が下回っている状態、要するに含み損が出て元本割れしている状態です。

日経平均株価に投資している場合は53か月、Ｓ＆Ｐ５００であっても51か月の間、元本割れをしています。いずれも**最終的には資産を大きく増やせているのに、それでも途中経過では4年以上にわたって、元本割れをしている**のです。

元本割れの期間はS&P500でも4年と3か月です。20年のうちの4年以上というと、2割以上の期間が元本割れしていることになります。

この期間は、100年に1度の金融危機といわれたリーマンショックが2008年に起こり、株価が大暴落し、その後4年間にわたり株価が低迷した時期にあたります。20年もの長期の値動きの中では誤差程度の下落のように見えてしまうのですが、実際にはとんでもない大暴落で、S&P500はショック前の半値近くにまで値下がりしています。もちろん株式市場は大パニック、世界中の株式市場がつられて暴落したのに加え、景気が冷え込み、深刻な大不況が訪れました。

この時の投資家の心理状態は、どうなっていたでしょうか。2000年から8年もコツコツと積み立て投資を続けて資産を順調に増やしてきたのに、突然それが半値近くまで暴落した状態です。

せっかく長く続けてきた投資がいきなり半値にまで暴落しまったのですから、心が折れてしまう人が続出したであろうことは、容易に想像できます。資産が半分になるようなひどい相場で投資を続けてもしょうがないと、せっかく続けてきた投資をやめてしまう人もたくさんいたでしょう。実際、様々な金融商品がこの時期にいっせいに投げ売られてしまいました。

しかし、グラフを見れば一目瞭然ではありますが、この期間を耐えて積み立て投資を続けていれば、２０１３年には含み損が解消されて利益に転じ、そのあとはグングン資産が増えています。これは、その相場の上昇が力強かったこともありますが、リーマンショックの安い期間に多く投資できていたからこその利益でもあります。

積み立て投資の成功に最も重要なのは「やめないこと」

積み立て投資は一括投資に比べてリスクが低い、利益を出しやすいなどと言われますが、損をしないわけではありません。むしろ、含み損になる期間は必ずある、運が悪ければ投資した金額の半分にまで評価額が減ってしまう時期もあると覚悟する必要があります。それでも**くじけることなく継続することで、利益に転じる局面が訪れる**のです。

含み損の期間は、投資をする人ならだれもが不安な気持ちでいっぱいになっています。心配のあまり頻繁に証券口座にログインし、含み損が膨らんでいるのを確認してしまいがちです。

よほど強靱なメンタルをしている人でない限り、「このまま投資を継続していたら、さらに株価は下落して資産が減っていくのではないか」という恐怖にかられてしまうでしょう。

積み立て投資の本質を理解していない人の中には、せっかく積み立てた資産を含み損の状態で換金してしまう人も少なくありません。そこまでではなくても、「回復の兆しが見えるまで積み立てはストップしておこう」と積み立てを停止したり、金額を減らしたりしてしまう人は多いのです。

これはとても残念なことです。積み立て投資でどれだけ成果を出せるかは、こうした相場の低迷期にどれだけ投資ができるかで決まります。むしろ積立額を増額してもいい局面なのに、ここで積み立てをやめたり減額したりすれば、あとから得られる利益は格段に小さくなってしまいます。

積み立て投資で守るべきたったひとつのルールは、スタートした時に決めた期間、金額、投資先は決して変えず、継続することです。

積み立て投資を始めたら、決められた投資期間が終わるまでは増額以外の操作をするのは厳禁です。長い投資期間の間には、元本割れするような相場の低迷期に直面することもあるでしょうが、そんな時にわざわざ証券口座にアクセスするのはやめておきましょう。

必要もないのに含み損の額を確認し、自らのメンタルにダメージを与えてもメリットはありません。永遠に下がり続ける相場はあり得ないので、待っていればいずれ戻ると考えて、積み立て投資をしていることを忘れるぐらいの気持ちで放置しておけばいいのです。

積み立て投資を成功させるために重要なのは、「積み立て投資をやめない」ことです。暴落局面ではやめてしまいたくなるものですが、売りたい、買いたい、怖い、逃げ出したいといった自分の感情には、決して従ってはいけません。

あなたも私も、投資の天才ではなく、凡人です。**感情に基づく判断よりも、投資のルールのほうがはるかに優れている**と肝に銘じて、歯を食いしばって投資を続けなければならないのです。

積み立て投資は最低でも15年は継続するべき理由を徹底分析

一般的に、積み立て投資は長期で続けるのが大切といわれます。しかし、この「長期」というキーワードがあいまいで、いったい何年やればいいのかがよくわからないという人も多いのではないでしょうか。

そこで、過去のS&P500のデータを使って、10年継続した場合と、15年継続した場合の投資成果を調べてみました。

まずは1994年を起点に、94年から10年、95年から10年、96年から10年と直近までを21パターンの10年間を切り取って調べてみました。

図9　積み立て投資を10年継続した場合の成果（為替変動込み）

投資期間	投資金額	時価評価	損益額	損益率
1994 ～ 2003年	1,200,000	1,701,422	501,422	42%
1995 ～ 2004年	1,200,000	1,541,967	341,967	28%
1996 ～ 2005年	1,200,000	1,585,214	385,214	32%
1997 ～ 2006年	1,200,000	1,663,665	463,665	39%
1998 ～ 2007年	1,200,000	1,534,803	334,803	28%
1999 ～ 2008年	1,200,000	787,391	▲412,609	▲34%
2000 ～ 2009年	1,200,000	1,066,961	▲133,039	▲11%
2001 ～ 2010年	1,200,000	1,102,507	▲97,493	▲8%
2002 ～ 2011年	1,200,000	1,081,599	▲118,401	▲10%
2003 ～ 2012年	1,200,000	1,398,514	198,514	17%
2004 ～ 2013年	1,200,000	2,139,566	939,566	78%
2005 ～ 2014年	1,200,000	2,605,386	1,405,386	117%
2006 ～ 2015年	1,200,000	2,497,447	1,297,447	108%
2007 ～ 2016年	1,200,000	2,601,688	1,401,688	117%
2008 ～ 2017年	1,200,000	2,928,617	1,728,617	144%
2009 ～ 2018年	1,200,000	2,487,978	1,287,978	107%
2010 ～ 2019年	1,200,000	2,782,141	1,582,141	132%
2011 ～ 2020年	1,200,000	2,688,822	1,488,822	124%
2012 ～ 2021年	1,200,000	3,210,822	2,010,822	168%
2013 ～ 2022年	1,200,000	2,443,750	1,243,750	104%
2014 ～ 2023年	1,200,000	2,885,043	1,685,043	140%
平均	1,200,000	2,035,014	835,014	70%

17勝４敗　勝率81％

最低▲34％　最高 +168％　平均 +70％

利益が出ている場合を勝ち、損失が出ている場合を負けとみなすと、17勝4敗、勝率は81％です。平均の利益率は70％という結果になりました。

最も利益が出たのは2012年〜21年の期間で、利益率は168％。10年間で3倍近く資金を増やせた計算です。ゴールとなった21年はS&P500が過去最高値に到達した年でした。

これに対し、最も成績が悪かったのが、1999年〜2008年の期間です。ゴールである08年は、100年に1度の金融危機と言われたリーマンショックが起こった年です。最終的に2008〜11年をゴールとする4つの期間で損失を出しています。これは先ほどの20年の積み立て投資で資産を倍にできたシミュレーションの中で、含み損が出続けていた時期にあたります。

この4年間は、リーマンショックの暴落を機に、株価が低迷を続けた期間で、100年に1度レベルの金融危機に1ドル70円台という歴史的な円高が重なりました。歴史的な株安と歴史的な円高のダブルパンチという、日本人の投資家にとっては歴史的な不運に見舞われた期間といえるでしょう。

しかし、12年には株価が上昇に、為替も円安に転じており、この12年をゴールとする10年間からは、利益を出すことができるようになっています。

これらのデータでわかることは、**積み立て投資はゴールの時期の相場環境が、全体のパフォーマンスに大きな影響を与える**ということです。勝率自体は81％と高いうえ、勝った際の利益率も平均で70％と十分な成績だとはいえますが、ゴールの時期が深刻な金融危機と歴史的な円高に重なってしまうと厳しい状況におかれてしまうことがわかります。

では、積み立て投資を15年に延ばした場合はどうでしょうか。以下は１９９４年を起点に94年から15年、95年から15年というふうに、直近までの16パターンを調べた結果です。

結果は13勝3敗で勝率は10年の積み立ての場合とほぼ同じ81％ですが、最も負けた場合の損失がマイナス11％と、10年の場合の34％に比べるとマイナス幅を小さくできています。逆に最も利益が出た場合の利益率は３２８％で、こちらも10年の１６８％

図10　積み立て投資を15年継続した場合の成果（為替変動込み）

投資期間	投資金額	時価評価	損益額	損益率
1994 ～ 2008	1,800,000	1,650,539	▲149,461	▲8%
1995 ～ 2009	1,800,000	1,939,218	139,218	8%
1996 ～ 2010	1,800,000	1,761,226	▲38,774	▲2%
1997 ～ 2011	1,800,000	1,609,692	▲190,308	▲11%
1998 ～ 2012	1,800,000	2,055,731	255,731	14%
1999 ～ 2013	1,800,000	3,237,124	1,437,124	80%
2000 ～ 2014	1,800,000	4,058,260	2,258,260	125%
2001 ～ 2015	1,800,000	3,992,978	2,192,978	122%
2002 ～ 2016	1,800,000	4,191,271	2,391,271	133%
2003 ～ 2017	1,800,000	4,650,708	2,850,708	158%
2004 ～ 2018	1,800,000	4,023,528	2,223,528	124%
2005 ～ 2019	1,800,000	4,903,764	3,103,764	172%
2006 ～ 2020	1,800,000	5,184,590	3,384,590	188%
2007 ～ 2021	1,800,000	7,004,125	5,204,125	289%
2008 ～ 2022	1,800,000	6,166,252	4,366,252	243%
2009 ～ 2023	1,800,000	7,710,737	5,910,737	328%
平均	1,800,000	4,008,734	2,208,734	123%

13勝3敗　勝率81%

最低▲11%　最高 +328%　平均 +123%

を大きく上回っています。平均の利益も123%と、10年の70%の1・75倍になりました。

このシミュレーションからわかることは、**積み立て投資では10年よりも15年続けたほうが利益をより大きくでき、うまくいかなかった場合の損失も小さくできる**ということです。ですから、私は自分のお客様に対しては、最低15年は継続する前提で積み立て投資を始めてくださいとアドバイスしています。

積み立て投資を「勝率100%」にする方法

しかし問題は、15年続けても勝率が１００％にはならないことです。老後の資金をつくろうと15年もの間、コツコツと積み立て投資を継続したのに、最後にお金が減ってしまったというのでは、ガッカリを通り超えて絶望してしまうかもしれません。

ただ、そんな時でもあきらめることはありません。試しに、15年間の積み立て投資でマイナスとなってしまった3つの期間で、積み立てをやめずに延長したと仮定して、再度シミュレーションしてみました。

まずは、１９９４年から２００８年までの15年間のパターンで、積立期間をプラスした場合、図11のようになりました。

図11　1994年から2008年の積み立て投資期間を延長した場合

期間	投資金額	時価評価	損益額	損益率
1994 ～ **2008年**	1,800,000	**1,650,539**	▲149,461	▲8%
1994 ～ **2009年**	1,920,000	2,287,458	367,458	19%
1994 ～ **2010年**	2,040,000	2,425,000	385,000	19%
1994 ～ **2011年**	2,160,000	2,454,765	294,765	14%
1994 ～ **2012年**	2,280,000	3,342,259	1,062,259	47%
1994 ～ **2013年**	2,400,000	5,523,502	3,123,502	130%

1年プラスすると成績は一転し、19％の利益を出せています。15年の積み立てでは約15万円の損失が出ていたのが、1年追加しただけで約37万円のプラスになっています。

次は、1996年から2010年までの15年間に、積み立て期間をプラスした場合の試算結果を見てみましょう（図12）。この15年ではマイナス2％とわずかながら損失を出してしまいましたが、積み立てをもう1年プラスした場合はマイナス6％と損失が拡大してしまいました。

もうひとふんばりして、さらに1年プラスすると、損益はようやくプラスに転じ、23％の利益が出るという結果となりました。

では、15年間の積み立て投資でマイナス11％とい

図12　1996年から2010年の積み立て投資期間を延長した場合

期間	投資金額	時価評価	損益額	損益率
1996 ～ 2010年	1,800,000	1,761,226	▲38,774	▲2%
1996 ～ 2011年	1,920,000	1,814,349	▲105,651	▲6%
1996 ～ 2012年	2,040,000	2,505,448	465,448	23%
1996 ～ 2013年	2,160,000	4,177,209	2,017,209	93%
1996 ～ 2014年	2,280,000	5,530,870	3,250,870	143%
1996 ～ 2015年	2,400,000	5,745,307	3,345,307	139%

う最も大きな損失を出してしまった1997年から2011年までの期間はどうでしょうか。1年積み立て期間を延ばすと一転して17％の利益となり、2年延ばすと84％もの利益を出せるという結果になりました。

結論としては、**15年間積み立て投資を継続しても、ゴールに100年に1度レベルの金融危機と、歴史的な円高が重なるという二重の不運に見舞われれば損失が避けられないわけですが、そんな場合でももう1～2年ふんばって積み立て期間を延ばせば救われる**ということです。こうした局面では、可能な限り相場が好転するまで積み立て投資を延長する価値は非常に大きいといえるでしょう。

積み立て投資はスタート時点の相場環境は気にす

る必要はありませんが、ゴール時点の相場環境が悪いとパフォーマンスが大きく落ちてしまいます。こうした場合でも延長という選択肢が取れるよう、**ゴールの地点に多少の余裕を持った計画を立てておくと安心**です。

ちなみに、ここまで紹介したシミュレーションデータはすべて、日本円をドルに換えて投資した場合の試算で、為替変動込みの損益です。

これを為替変動がないと仮定して試算すると、15年の積み立て投資はどの期間を切り取っても全勝となり、負けはゼロとなりました。10年の積み立て投資でも20勝1敗で、ほぼ負けなしといっていいレベルです。

リーマンショックは株価が半値近くまで暴落したのに加え、ドルに対する円の価値も史上最高値となる1ドル70円台を記録したという、歴史的な株安と歴史的な円高が見事に重なった時期です。こうしためったにない不幸が重なってしまったとしても、1～2年耐えれば大きな利益が出るわけですから、やはり積み立て投資のパワーは強力だといっていいと思います。

投資をしながら、ポイントが超貯まる！おすすめのクレジットカード

積み立て投資の本質からは少し逸れてしまいますが、近年は積み立て投資でポイントを貯められる、いわゆる〝ポイ活〟ができる金融機関が増えています。どうせ同じ額を投資するなら、ポイントが貯まる方法で積み立て投資をしたほうが、より有利に投資ができます。月に何万円もの金額を、10年20年と積み立て続けるわけですから、その分のポイントが積み重なっていくことを考えるとそのメリットは意外と侮れません。

たとえば、ＳＢＩ証券での積み立て投資を、三井住友プラチナプリファードカードというクレジットカードを経由して行う方法があります。この方法だと、積み立て投

資した額のなんと5％がポイント還元されるのです。積み立て投資のポイント還元は毎月の積立額5万円までという上限はありますが、その上限額まで積み立て投資をしているだけで年3万円分のポイントが貯まる計算です。

しかも、年々積み上がっていく投資信託の残高にもポイントが付きます。対象投資信託の月間平均保有額が、1000万円未満の場合は0・1％、1000万円以上の場合は0・2％のポイントが還元され、もちろん新NISA口座にも対応しています。あまりにもおトクなので、実は私もこの方法で積み立て投資をしています。

ただ、このクレジットカードはプラチナカードのため年会費が必要で、それが3万3000円（税込）と高額なのがネックです。このため、積み立て投資のためだけにこのカードをつくると、3万円分のポイントがたまっても3000円分は赤字になってしまいます。

このカードはポイント還元に特化したカードのため、積み立て投資以外のカード利用でもざくざくポイントが貯まるようになっているところがミソです。通常のクレジットカードとしても利用すれば、年会費をはるかに上回るメリットがあると感じています。

まず、通常のクレジットカードでの買い物では1%が還元されます。加えて、特約店として指定されている店舗では、還元が上乗せされます。たとえば、セブン‐イレブン、ローソン、セイコーマート、ポプラといったコンビニに加え、マクドナルドやすき家、ドトールコーヒーやモスバーガーで利用すれば6%が還元されます。

ホテル予約サイトのホテルズドットコムとエクスペディアにいたっては9%という高還元率なので、出張が多い人には特に有利です。タクシーアプリのGOでも4%還元なので、タクシー利用の多いビジネスパーソンにもおすすめできます。

さらに「さとふる」や「ふるなび」といったふるさと納税サービスでも高還元なので、私は積み立て投資とふるさと納税だけで年会費分以上のポイントを獲得することができています。

新規入会で条件を満たすと4万ポイントをもらえるうえ、毎年100万円の利用ごとに1万ポイントが還元（最大4万ポイント、積み立て投資は含まない）されるので、メインカードとして利用していれば、年会費分をはるかに上回るポイントがどんどん貯まっていくのを実感できます。私も2023年2月に利用を始めてから、わずか半年で10万円分のポイントをゲットできました。

還元は三井住友カードのVポイントになりますが、各種景品と引き換えられるほか、1ポイント1円で買い物の支払いに使ったり、カードの支払い額に充当できるので、現金と同様の価値があると考えられます。貯まったポイントで投資信託も買えます。

ちなみに、クレジットカードを変えたくない人や増やしたくない人でも、三井住友カードを持っている人なら、積み立て投資用に設定すれば通常カードで0・5%、ゴールドカードで1%の還元が受けられるのでぜひ利用を検討してください。

ポイントが貯められるサービスは他にもたくさん

ＳＢＩ証券と三井住友カードのコンビほど強力ではありませんが、クレジットカードを利用した積み立て投資でポイント還元を受けられる証券会社はほかにもあります。

マネックス証券では、マネックスカードというクレジットカードで１・１％の還元を受けられます。年会費はありますが、年間１回以上のクレジットカードの利用で無料になるので、実質的には無料です。還元されるマネックスポイントは株式売買の手数料などに充当できるほか、アマゾンギフト券にも換えられます。

楽天証券では、楽天カードを使った積み立て投資で楽天ポイントの還元が受けられます。還元率は投資対象によって異なり、本書でおすすめしている低コストのインデックスファンドは還元率が低いのですが、一般カードなら0・5%、ゴールドカードなら0・75%、プレミアムカードなら1%の還元を受けられます。

auカブコム証券でも、au PAYカードというクレジットカードで積み立てをすると、1%のポイント還元があります。還元されるのはPontaポイントで、キャッシュレス決済のau PAYでも利用できます。

各社のポイント還元は永久に続く保証があるわけではなく、突然改悪・廃止されるようなリスクがあることは承知しておきましょう。とはいえ、積み立て投資をするだけでプラスアルファの利益が取れる機会があるのですから、利用する価値は十分あると思います。

第3章

50年の過去実績で導き出した、素人でも必ずできる投資法

積み立て投資だけでは物足りない人へ

かつて「老後２０００万円問題」が話題になりましたが、新ＮＩＳＡを使って非課税の積み立て投資を10年、20年と継続していけば、老後までに２０００万円の資金を用意することは決して難しくありません。積み立て投資は簡単で、知識も時間も経験も不要で、だれにでも勧められる投資法です。

しかし、積み立て投資を継続して少しずつ利益が積み重なっていくと、より多くの利益を獲得したいという欲が出てくる人もいます。積み立て投資は年によってパフォーマンスに差はあるものの、Ｓ＆Ｐ５００の場合は平均10%ほどの利回りで資産が増えていきます。こうした投資の効果を実感すると、もっと儲けたい、もっと早く利益を出して老後だけでなく今の生活も豊かにしたい、などと思うようになるものです。

そこで、積み立て以外の方法での投資に興味を持って、チャレンジする人も多くいます。それは大いに結構なことですし、実際にそこから本格的に投資の勉強をスタートして、個別株やＦＸなどで大成功する人もいます。

ただ、残念なことに、**ステップアップにチャレンジした結果、お金を減らすという事態に見舞われる人のほうが圧倒的に多い**のが現実です。個別企業の株式を買ったり、ＦＸに挑戦したり、中には暗号資産に手を出す人もいるのですが、大きな損失を出して「やらなければよかった」という結果になりやすいのです。

個別企業の株式に投資する場合、良い企業に投資できれば市場全体に投資する積み立てよりもはるかに大きな利益を出すことができます。しかし、逆もまたしかりで、良くない企業に投資してしまうと、株価指数は上昇しているのにその企業の株価だけが下落して、大損してしまうという事態が生じます。

個別株投資で成功するには良い企業や株価が上がる企業を見極めるため、決算書を読み込んで分析したり、ビジネスモデルの善し悪しや市場の成長性、競合と比較した際の強みや弱みを調べたりして企業の将来性や成長力を見極める必要があります。さらにいえば、どんなに良い銘柄でも割高なタイミングで投資してしまうとうまくいかないので、買い時を見極めるためのテクニカル分析（チャートを見て、過去の値動きから将来の値動きを分析する方法）も欠かせません。

これらのスキルは一朝一夕で身に付くものではありません。しかも、株式市場はほったらかしの積み立て投資しか経験のない個人投資家と、莫大な金額を動かし続ける百戦錬磨の機関投資家が同じ土俵で戦う場です。草野球の人数合わせで呼ばれただけのど素人が、メジャーリーガーを相手に試合をさせられるようなもので、まぐれで勝つことはあっても、勝ち続けることは至難の業です。

ＦＸや暗号資産も同様で、素人が片手間で儲けようとしてうまくいくものではありません。これらの投資対象は日本時間の深夜に激しい値動きをすることが多いので、朝起きたら知らない間に資産が大きく減っていた、ということも〝あるある〟です。自分ではどうしようもない値動きに翻弄されて、せっかくステップアップしようとしたのに、失敗してお金を大きく減らしてしまったというケースが実に多いのです。

だったら、こうした上級者向けの投資には手を出さず、おとなしく積み立て投資だけをしていればいい、というのも正解のひとつではあります。しかし、仕事や家事、育児や介護などで日々忙しくしている人たちほど、時間や手間をかけずにお金を増やすことを必要としています。

積み立て投資は老後の資金を形成するには十分な投資ではありますが、もうひとつステップアップして、忙しい人でもより多くの利益を獲得したり、老後を待たずに豊かになったりするための方法があっていいはずです。

超効率的にインデックス投資で儲けられるタイミング

株で儲けるしくみは本質的には極めてシンプルです。安い時に買って高い時に売ることができれば、利益を出すことができます。個別株や外貨、暗号資産はレバレッジをかけて資金額を上回る投資をすることも可能なうえ、短期間で急激に上昇することもあるので、うまくいけば数日でも大きな利益を上げることが可能です。

しかし、株式市場全体に投資するインデックス投資は上昇がゆるやかなので、長い時間をかける必要があります。これが、インデックス投資が個別株投資に比べてリスクが低い分リターンも劣るといわれるゆえんです。

ただ、株式市場の値動きを観察すると、決して一本調子でゆるやかな上昇を続けて

図13　暴落時に投資できれば、インデックス投資でも短期で儲けられる

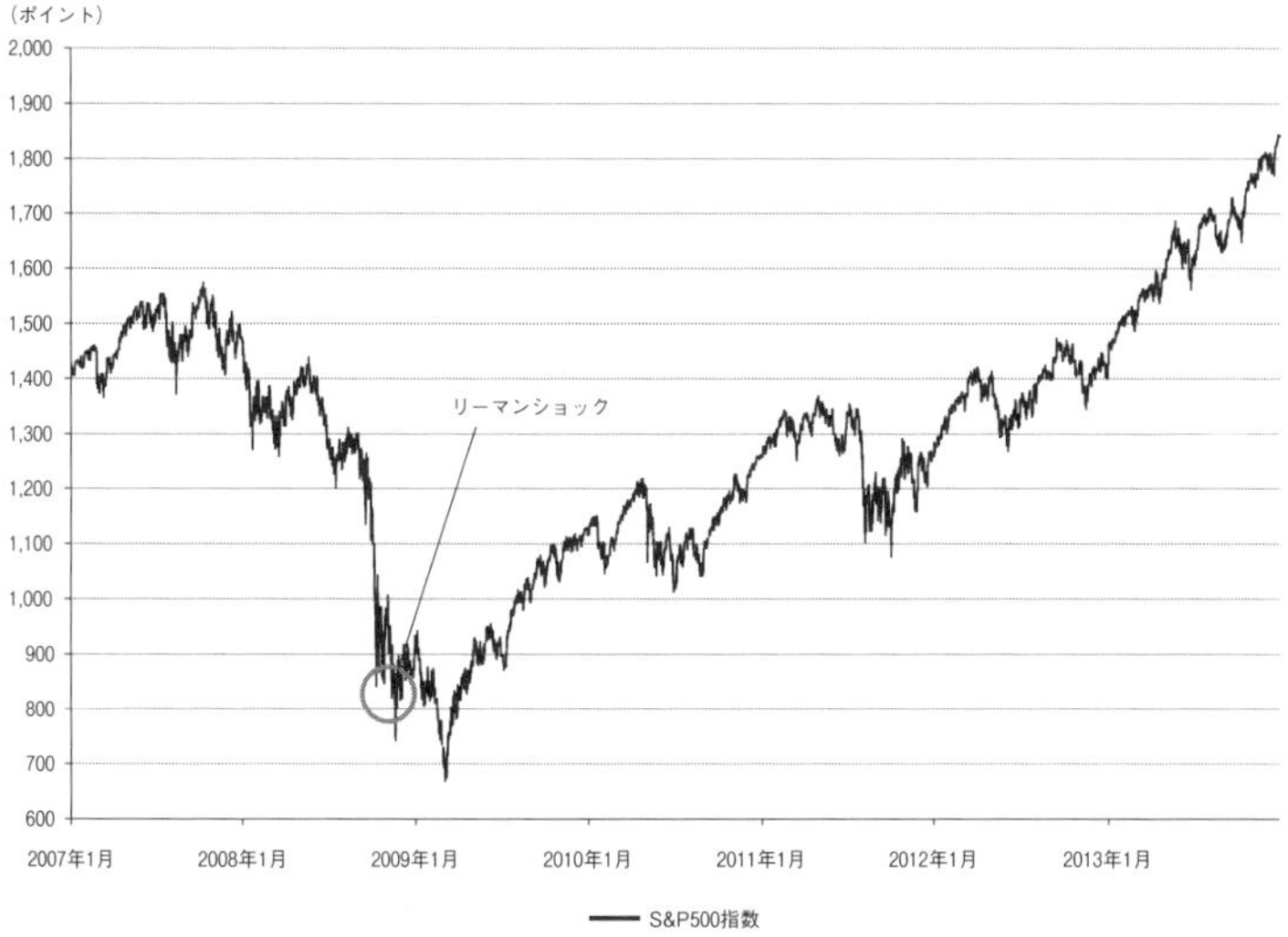

いるわけではありません。上昇と下落を繰り返し、時には暴落も経験しながら上がっていくものです。

たとえば、100年に1度の金融危機といわれたリーマンショックでは、S&P500はショック前の半値近くまで暴落しました（図13）。しかし、その後は5年足らずでショック前の水準に回復しています。さすがに数日というわけにはいきませんが、底値でまとまった金額を投資できていれば、4年ほどで資産を倍にできた計算になります。

図14　コロナショック時も絶好の投資チャンスだった

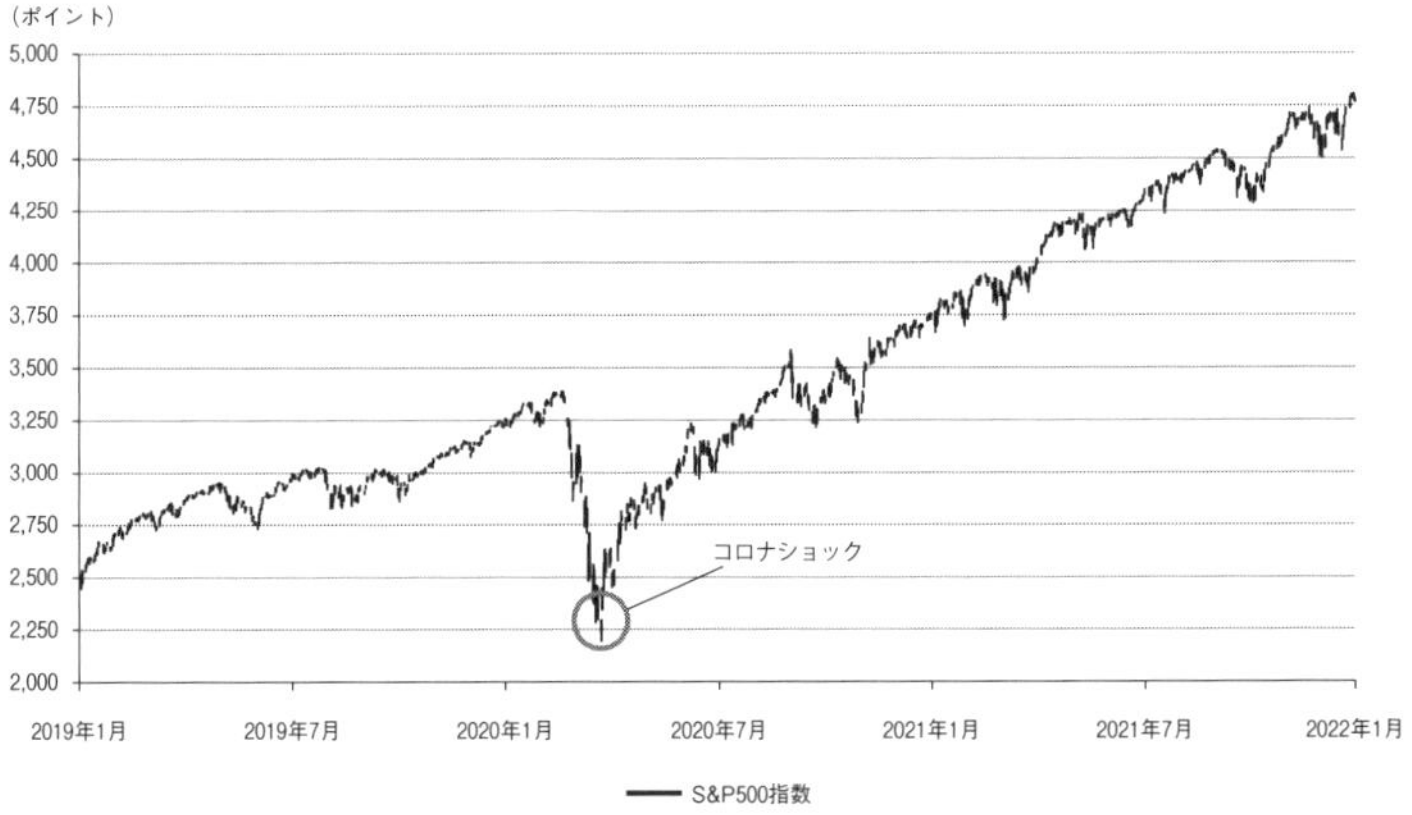

２０２０年３月のコロナショックの時も同様です。Ｓ＆Ｐ５００はショック前の水準からほぼ1週間で35％も下落しましたが、わずか半年で元の水準に戻り、1年後にはショック時の倍の水準まで急上昇しました（図14）。この**暴落のタイミングで投資ができれば、面倒な個別銘柄の研究などしなくても、また15年という長い時間をかけなくても、効率的に利益を上げることができた**わけです。

本来、市場全体に投資するインデックス投資は短期間で大きな値幅を取るのは難しく、時間が必要だと言われてきました。しかし、こうした暴落局面でうまく買うことができれば、大きな値幅が取れるはずです。

そうすれば、**積み立て投資のように何十年もかけなくても、短期間でまとまった利益を出すことは決して夢ではない**のです。

暴落相場で買えば儲かるのに、なぜか買えない人たち

こうした過去の値動きを振り返れば、暴落局面は買い一択であることがわかります。インデックス投資しかしない人にとっても、効率的に利益を出す絶好のチャンスであることは明らかなのですが、ほとんどの投資家はそれを実行できません。

暴落局面は買いだとわかっていて、それを今か今かと待ちわびている投資家であっても、実際に目の当たりにすると怖くて買えなくなるのです。

なぜなら、こうした局面では株式市場はパニック状態になり、多くの人が底なしの下落相場の入り口に立ったような恐怖を感じるからです。過去の暴落は回復したけれど、今回ばかりは違うのではないか、ここからさらに大きな下落が始まるのではないかという恐怖でいっぱいになるのです。

目の前で株価指数がまるで滝のように下落し、それと連動して積み立て投資などで投資している自分の資産が急激に目減りし、含み損に突入していくのを見ると、その恐怖はさらに増幅されます。しかも近年はＳＮＳでさらなる下落がやってくるかのように煽る投稿が拡散するので、わずかに残っていた「買いたい」という気持ちもかき消されてしまいます。

それどころか、すでに投資している資産を一刻も早く現金化しなければゼロになってしまうのでは、という焦りと恐怖で頭がいっぱいになるのです。

この気持ちは私も何度も経験しているので、よくわかります。10年以上投資を経験して、暴落から回復する局面を何度も見ていてもなお、「今回ばかりは違うのではないか」という恐怖から逃れることは簡単ではありません。

アドバイスする立場である私でさえ恐怖心に完全に打ち勝つことは難しいぐらいですから、私のお客様も当然、恐怖を感じています。

「今が絶好の買いチャンスだと思いますよ」とアドバイスしても、投資を実行できる人はごくわずかです。それどころか、むしろ売った方がいいのではないかと言う人もいます。

暴落ではないのに、先走ってしまう人も

これには、逆のパターンもあります。暴落がチャンスだとわかっている人の中には、大した下落ではないのに、少し安くなっただけで「ここは買いではないか」と先走ってしまい、損失を出すケースがよくあるのです。中途半端な下落局面では、深刻な暴落局面ほどの恐怖を感じないために、「待ってました」とばかりに買ってしまうのです。そして、運が悪いとそのあとにやってくる大きな下落に巻き込まれてしまい、**本当の買いチャンスが来た時に、資金が残っていないという悲劇に見舞われてしまいます。**

中途半端な下落で投資して失敗することを防ぎ、真に絶好の買いチャンスがやってて

きた時に買う勇気を持てるようになるためにはどうしたら良いのか。これは投資アドバイザーとしてお客様に価値あるアドバイスを提供する責任に直面した私が、解決したいと感じた課題のひとつでした。

そこでひらめいたのが、過去のデータに基づいた明確なルールがあればいいのではないか、というアイデアです。「ここまで下落したら、高い確率で勝てる」というわかりやすい基準があれば、勝率の高い急落局面とそうでない局面を一発で見分けることができ、普段は積み立て投資しかしない人であってもS&P500の一括投資で個別株投資に引けを取らない利益を得られるのではないかと考えて、研究を始めたのです。

そこで、過去50年の株式市場のデータを分析し、試行錯誤を重ねてたどりついた結論が、本書で紹介する「▲5%ルール投資法」です。

▲5%ルール投資法は超シンプルで超簡単

私が試行錯誤の末にたどりついた▲5%ルール投資法は、とてもシンプルなルールに従って投資する方法です。具体的には、株価指数の中で世界一重要なS&P500が週間ベース（前週の金曜日の終値から今週の金曜日の終値）で5%以上下落したら買う、ただそれだけです。それ以外の時には買いません。

たとえば、S&P500の前週の終値が5000ポイント、今週の終値が4750ポイントなら、5%以上下落しているので、▲5%ルールのシグナルが点灯していることになります。今週の終値が4800ポイントや4900ポイントなら、下落幅が5%に達していないので、シグナル点灯はなく、購入のタイミングではありません。

週末にだけ株価をチェックして、▲5%ルールのシグナルが点灯するのを確認した時に一括投資します。それだけで、投資の成果は大きく向上し、積み立て投資では得られない短期的な利益が得られるようになるのです。

では具体的にこの投資でどの程度の勝率や利益が期待できるのか、過去のデータで検証してみましょう。

投資の成果は、勝率と利益率という2つの観点から評価することが必要です。勝率はすべての投資のうち、どの程度の割合で勝てているかを示します。10回中5回利益を出しているなら勝率は50%で、9回利益を出しているなら90%ということになります。勝率だけで評価するなら、高いほど優れていることになります。

ただ、たとえ10回中9回勝てていても、それぞれの利益が小さく、たった1回の負けの損失額が大きすぎて9回分の利益を全部吹っ飛ばしてしまうようでは、意味がありません。

逆に、たとえ勝率が10%しかなかったとしても、1回の勝ちの利益がとても大きく、9回の負けの損失を合計しても利益が大きく上回るのなら、勝率が低くても実行する価値のある投資法ということになります。このため、どの程度の利益を出せているかを示す利益率も、合わせて検証する必要があります。

ここでは、1984年から2023年までの40年間、S&P500で▲5%ルール投資法を実行した場合の勝率と利益率について検証します。

この期間でS&P500が前週から5%以上下落して、投資シグナルが点灯したタイミングは全部で39回ありました。このすべてについて、勝率を調べます。シグナルが点灯した際に投資し、その4週間後（1か月後）、13週間後（3か月後）、26週間後（半年後）、52週間後（1年後）の4つのタイミングで、投資した価格よりも上昇していれば勝ち、下落していれば負けと判定することにします。すると、図15の結果となりました。

いずれも勝率は50%を大幅に超えており、利益を出せる確率は高そうです。4週間後は61・5%と最も低く、13週間後には8割近くに達し、26週間後と52週間後はいずれも8割近い勝率となっていて差はなくなっています。

図15　▲5％ルール点灯からの勝率と上昇回数、下落回数

▲5％ルール点灯から…	4週間後	13週間後	26週間後	52週間後
勝　率	61.5％	74.4％	76.9％	76.9％
上昇回数	24回	29回	30回	30回
下落回数	15回	10回	9回	9回

※米ドルベースの成績です。為替変動は含みません。

つまり、26週間までは持ち続けるほど勝率は上がるので、**最低半年間は持ち続けるという前提で投資をすれば勝率をほぼ最大化できる**ことになります。13週間後以降は、勝率が75％超となり、4回投資をすれば3回は利益を出せることになります。

積み立て投資であれば長期投資が大前提で、私も自分のお客様には最低15年間継続することをおすすめしていますが、▲5％ルール投資法にかぎればおおむね半年後には売却してもOKだということになります。

ただし、前述した通り、勝率が高くても利益率が低いと意味がありません。そこで、勝った時と負けた時のそれぞれで、平均利益（損失）率と、最も勝てた場合の最大利益率、最も負けた場合の最大損失率を計算してみました。

図16　▲5％ルール点灯からの平均利益（損失）率・最大利益（損失）率

▲5%ルール点灯から…	4週間後	13週間後	26週間後	52週間後
勝利時の平均利益率	7.5%	11.3%	16.0%	26.1%
最大利益率	24.7%	37.6%	48.7%	69.8%
敗北時の平均損失率	▲5.6%	▲7.6%	▲8.1%	▲11.2%
最大損失率	▲19.5%	▲21.8%	▲23.4%	▲35.8%

※米ドルベースの成績です。為替変動は含みません。

4週間後、13週間後、26週間後、52週間後のいずれのタイミングでも、勝利時の平均利益率が敗北時の平均損失率を上回っています。しかも、平均の利益率、損失率のいずれも時間が経つほど大きくなりますが、52週間後の平均損失率は4週間後の倍程度であるのに対し、平均利益率は3倍以上に膨らんでいます。

そして、勝ったケースで一番儲かった場合の最大利益率は52週間後の69・8％で、負けた場合の最悪のケースである最大損失率35・8％を大きく上回っています。これはうまくいかなかった場合の損失より、うまくいった場合の利益のほうがはるかに大きいということです。

勝つ確率が負ける確率を大きく上回っているうえに、平均利益率が平均損失率より高く、最大利益率も最大損失率を凌駕しているということは、▲5％ルール投資法は実行

する価値のある投資法だと判断できます。最初の数回はランダムな成績になるかもしれませんが、回を重ねるごとに平均的な勝率と損益率に落ち着いてくると考えられ、そうであれば最終的にはそれなりの利益を残せるはずだからです。

実在する投資信託で、▲5％ルール投資法の結果を検証

では、日本の投資家が実際に投資可能な金融商品を使って、▲5％ルール投資法を実行した場合の投資も検証してみましょう。投資する対象は、日本で一番売れている（純資産額がトップ）投資信託で、Ｓ＆Ｐ５００指数に連動する「eMAXIS Slim 米国株式（Ｓ＆Ｐ５００）」で計算します。

あとで詳しく説明しますが、▲5％ルール投資法は単独ではなく、シンプルな積み立て投資と並行して行うことで、よりパワーを発揮します。そこで、「積み立て投資のみ」「積み立て投資と▲5％ルール投資法を併用」、そして「▲5％ルール投資法のみ」の3通りのパフォーマンスを比較してみます。

積み立て投資は毎月の第一営業日に投資し、▲5％ルール投資法はシグナル点灯を確認した週末に注文を出して、火曜に成立（約定）するという前提です。海外の市場に投資する投資信託の場合、営業日の15時までに出された注文が翌営業日に約定するしくみなので、週末の注文は月曜の注文と同じ扱いになり、火曜に約定するわけです。

投資期間は、このeMAXIS Slim米国株式（S＆P500）が新規設定された2018年7月から2023年12月まで、5年6か月です。

まずは、シンプルな積み立て投資だけをしていた場合のパフォーマンスを見てみましょう。毎月3万円ずつ、その月の最初の営業日に積み立て投資を行った場合、投資成果は図17のようになります。

5年6か月の積み立て投資期間で投じた元本は、総額198万円です。23年12月19日時点での時価評価は342万4176円。資産が72・94％増えている計算になります。そして利益の額は、144万4176円です。素晴らしい成果です。

5年半の間、ほったらかしの積み立て投資をしているだけで資産が70％も増えたの

図17　積み立て投資のみを行った成果

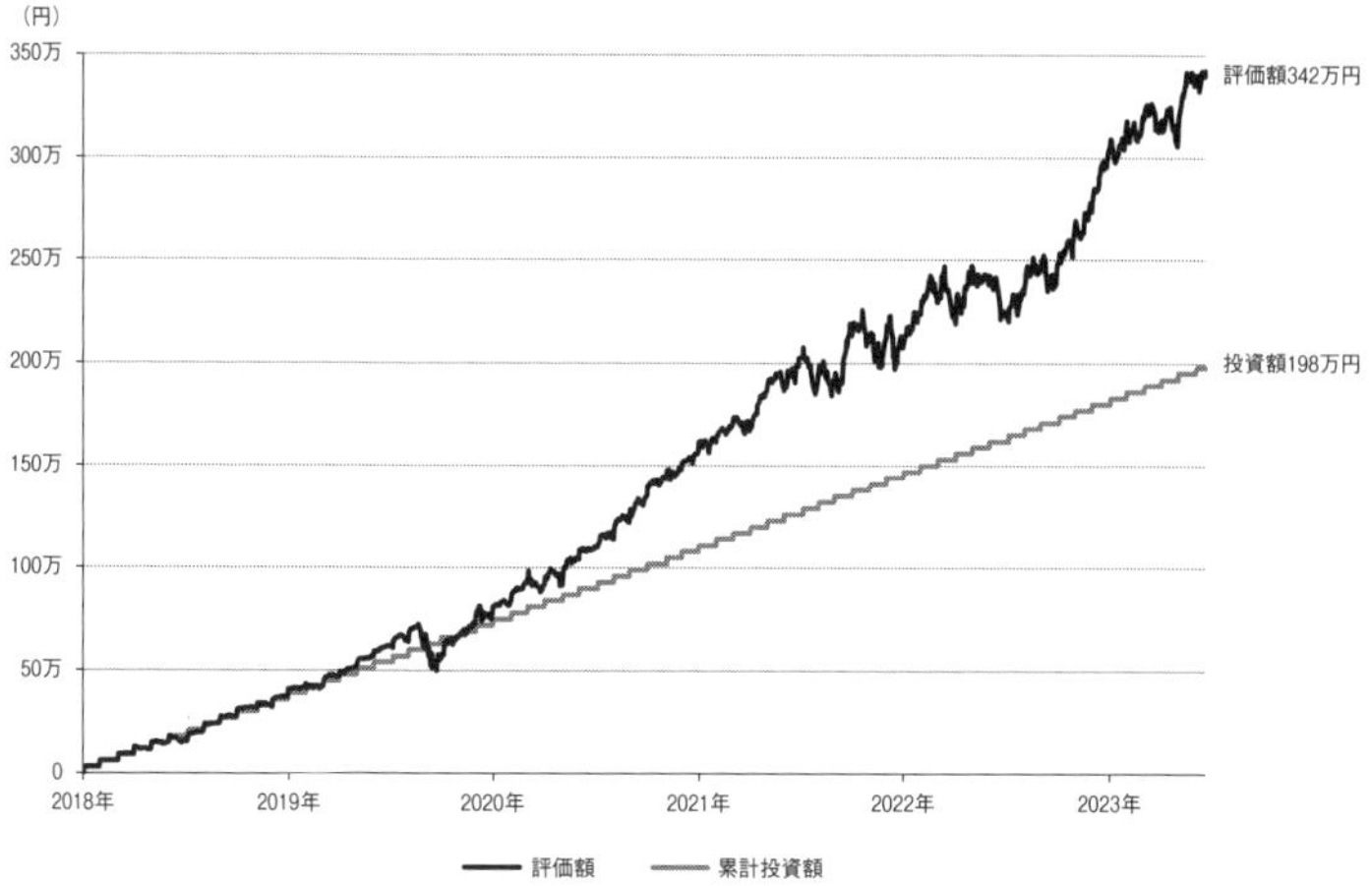

ですから、これだけでも十分なパフォーマンスといえるでしょう。

それでは、この積み立て投資をベースに、▲5％ルール投資法をプラスした成果を見てみましょう。

同じ期間で▲5％ルール投資法の投資シグナルが点灯したのは、2019年に1回、2020年に4回、2022年に3回で、全部で8回ありました。次のチャートでは、これらの点灯ポイントを〇印で示しました(図18)。なかなか良いタイミングで点灯していると思いませんか。

8回すべての点灯時に、積み立て投資1

図18　2018年７月以降のeMAXIS Slim 米国株式（S&P500）の基準価額の推移と▲５％ルール点灯箇所

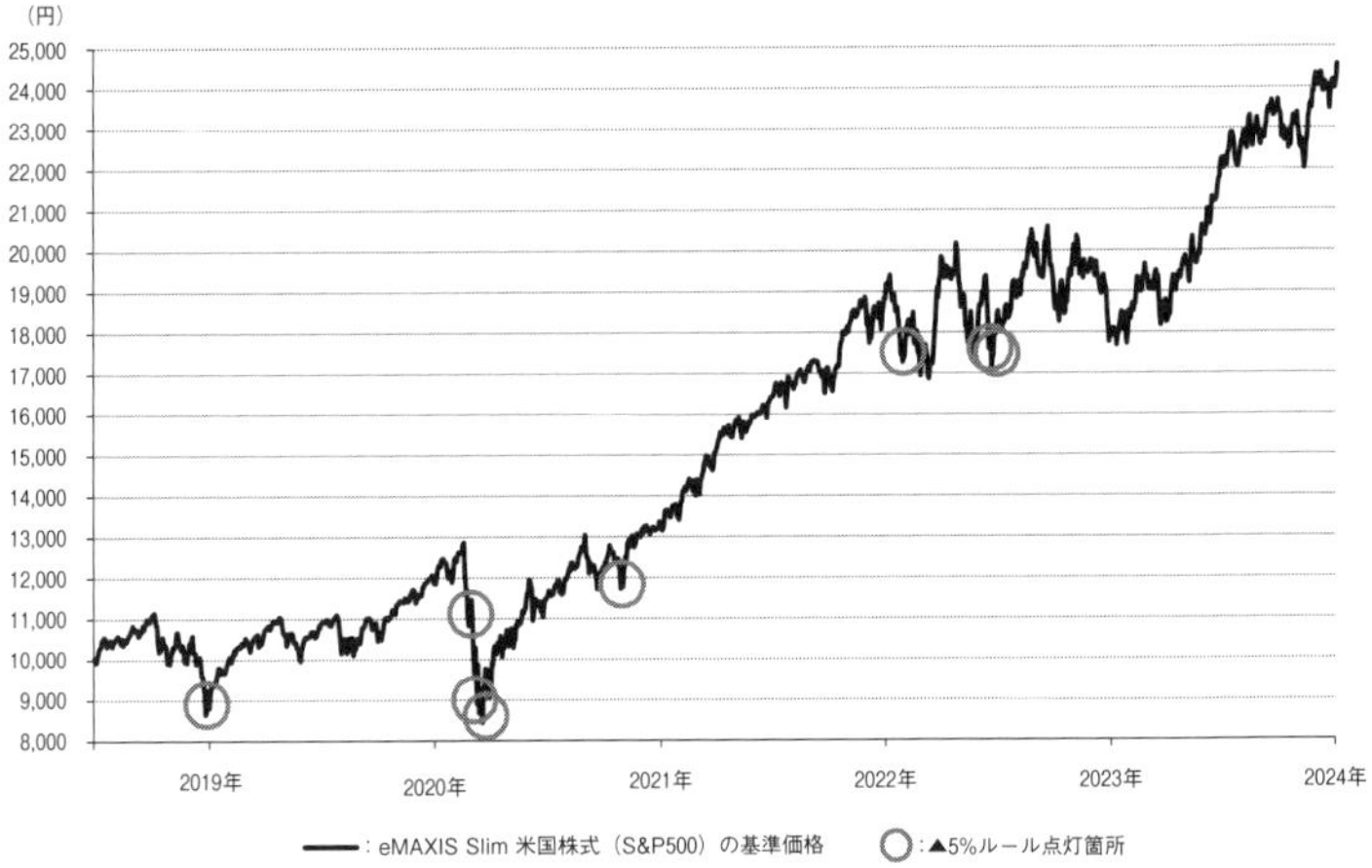

年分となる36万円（点灯時に1年分を投資する理由は、P161で詳しく解説します）を一括投資した場合の成果は図19になります。

積み立て投資にプラスして、一括投資8回分である288万円を追加で投じたことになり、投資元本は総額で486万円となりました。5年6か月後となる23年12月19日時点での評価額は933万3238円で、92・04％資産を増やせたことになります。

そして、利益の額は447万3238円です。積み立て投資だけのパター

図19　積み立て投資と▲５％ルール投資法を併用した成果

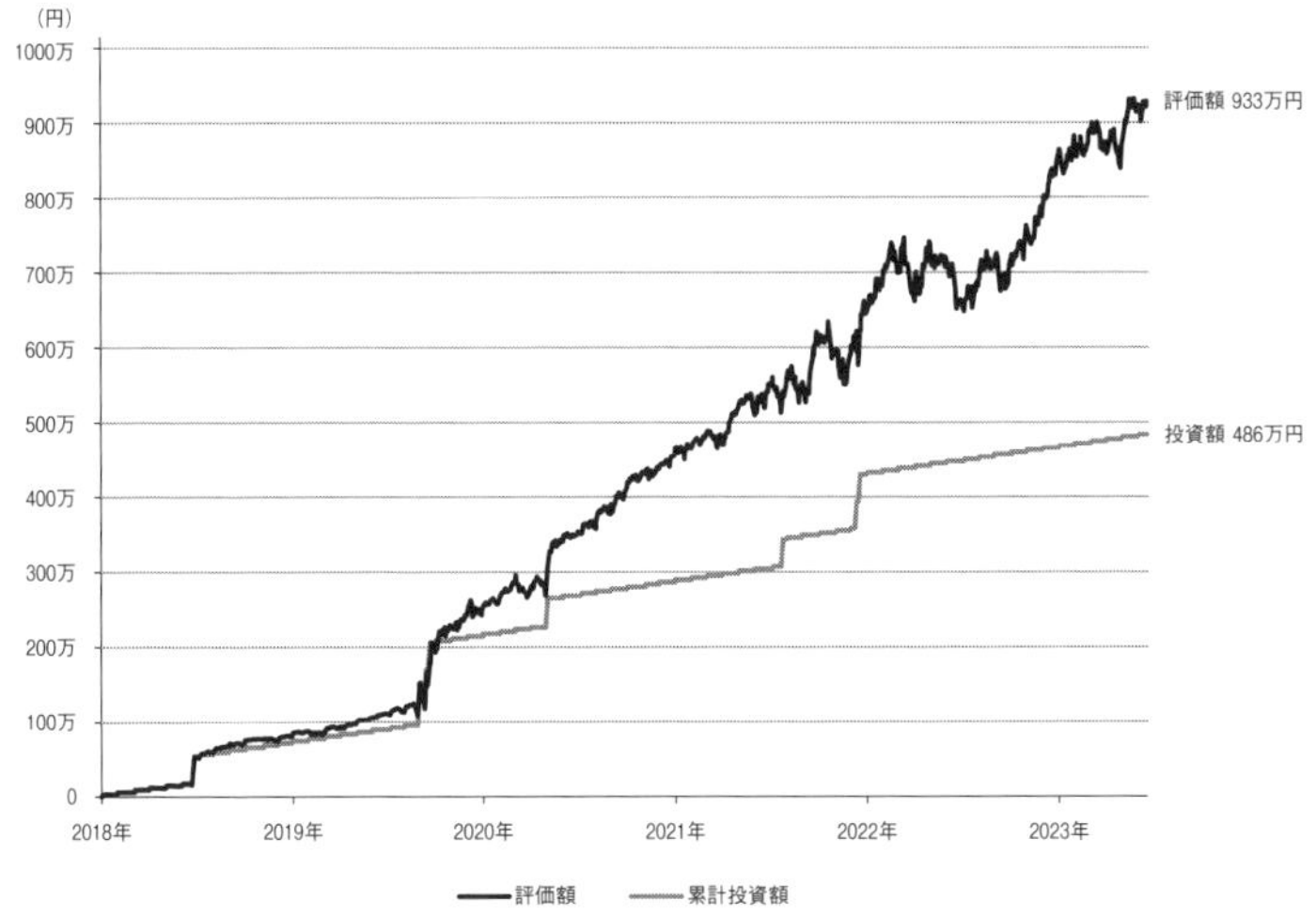

ンよりもさらに有利に増やせていることがわかります。

では、積み立て投資をせずに、▲５％ルール投資法の一括投資だけを行う場合はどうでしょうか。

この場合の投資額は２８８万円です。積み立て投資を行っていないので、投資額は少なくなりますが、５年半後の評価額は５９０万９０６１円、利益率は１０５・１８％で、資産を倍に増やすことができています。利益の額は３０２万９０６１円です（図20）。

図20　積み立て投資をせず、▲5％ルール投資法のみを行った成果

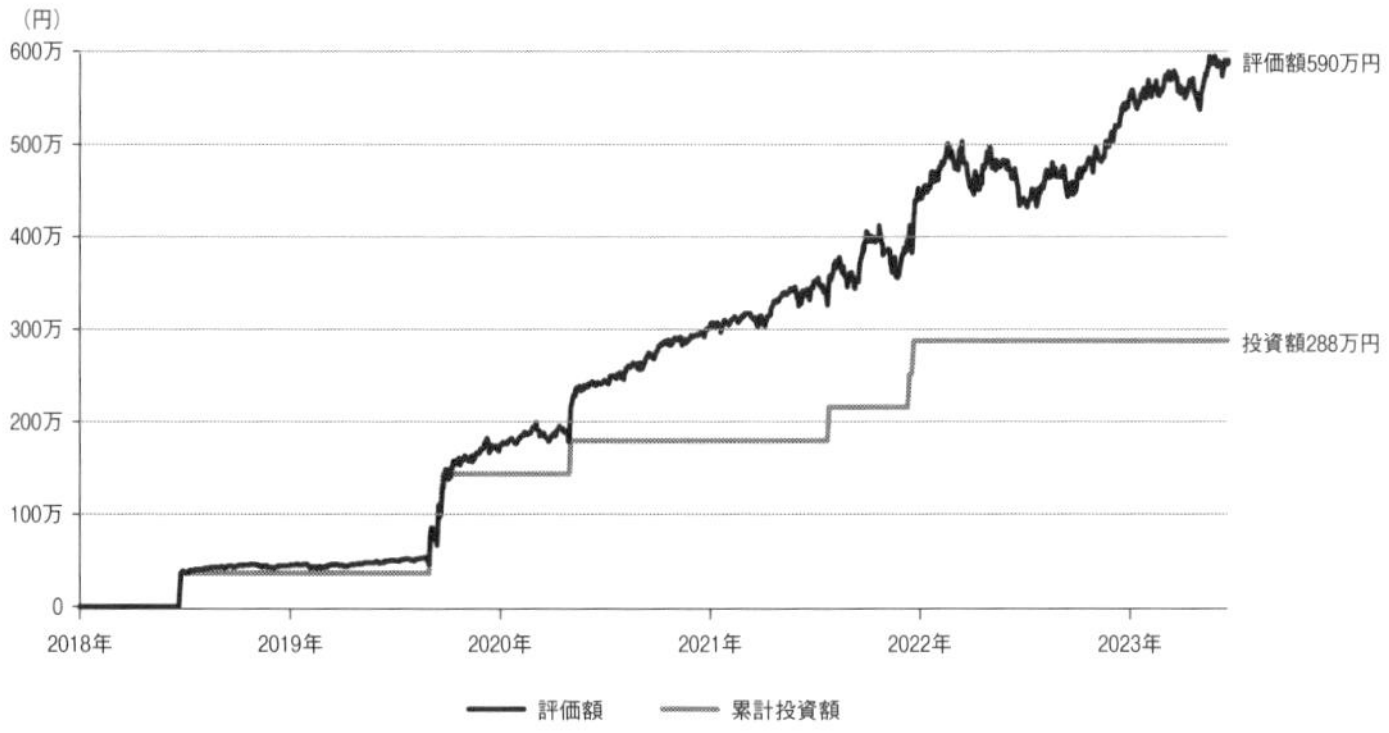

図21　3つのパターンの成果

	積み立て投資のみ	積み立て投資＋▲5%ルール投資法	▲5%ルール投資法のみ
投資金額	198万円	486万円	288万円
時価評価	342万4176円	933万3238円	590万9061円
利益額	144万4176円	447万3238円	302万9061円
利益率	72.94%	92.04%	105.18%

投資額が少ないため利益の額も少なくなりますが、利益率は最も高く、3つのパターンの中では最も効率の良い投資であることがわかります。

この3つのパターンの成果を表にまとめると、図21になります。

「▲5%ルール＋積み立て投資」なら、投資初心者でも利益を最大化できる

効率だけで判断すれば、▲5%ルール投資法だけを行うのが最もパフォーマンスが良いので、積み立て投資はせずにこれだけに資金を集中して投資すればいいと思われるかもしれません。確かにそれも正解のひとつで、積み立て投資が性に合わないという人であればそれでもＯＫです。

ただ、ここで注目してほしいのは、獲得できた利益の額です。得られた利益額を比較すると、積み立て投資と▲5%ルール投資法を併用したパターンが最も大きくなっています。これは単純に、投資機会が多いため、投資する額が最も多いというのが理由です。当たり前じゃないかと思うでしょうが、ここが大きなポイントです。

▲5%ルール投資法だけだと、投資チャンスは限定されます。**シグナルの点灯は平均すれば年1回程度ではありますが、一度もない年もあり、投資をしたくてうずうずしているのに機会がまったくやってこないということはよくあります**。現に、2023年はこうした相場でした。

こういう時は「どこかで買っていれば儲かったのに」と、悔しい思いをすることになります。それだけならまだいいのですが、悔しさのあまりチャンスを待ちきれず、適切ではないタイミングで、無駄な投資をしてしまうことになりかねません。

それでも積み立て投資を実行している人なら、上昇相場の恩恵は十分受けて資産を増やせています。悔しい思いをすることや無駄な投資をする心配もなく、心穏やかでいられるのです。

要するに、**積み立て投資と▲5%ルール投資法を併用すると、上昇相場では積み立て投資で着実に投資を積み重ねて資産を増やし、下落相場のチャンスでは積み立て投資と▲5%ルール投資法の両方でたっぷり資金を投下して、回復した時の利益を大きくするという、どんな相場にも対応できる投資ができる**わけです。

図22　コロナショックがあった2020年のS&P500と▲5％ルール点灯箇所

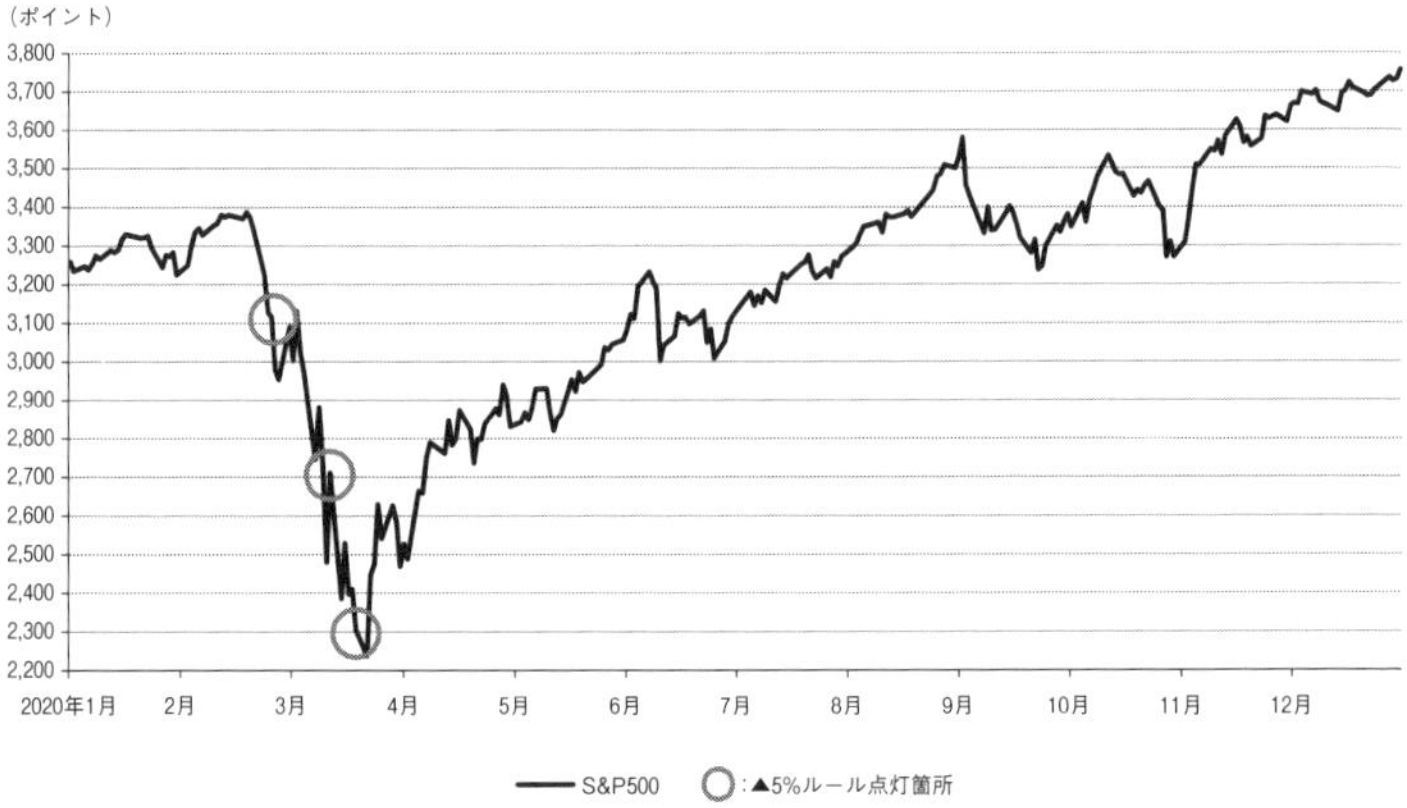

逆に、短い間に何度もシグナルが点灯し、投資チャンスが集中することもあります。たとえば、コロナショックがあった2020年には立て続けに3回点灯しており、3回目が大底となっています（図22）。

いずれの点灯分も半年もすれば大きな利益に育ったわけですが、短期的にはそうも言えません。その渦中では▲5％ルール投資法のシグナルが2回点灯して、投資した分が多額の含み損を抱えてしまった状態で3回目のシグナルが点灯し、追加投資を迫られるという事態になっているからです。

こういうケースでは、かなり強靱なメン

タルがないと3回目の投資に踏み切れません。またメンタル的には耐えられても、年に3回も一括投資をする資金がそもそも用意できないこともあるでしょう。

▲5%ルール投資法にシグナルが点灯する局面は、市場が大暴落に見舞われてパニック状態になっています。平時では想像できないでしょうが、投資チャンスとなる暴落を待ちわびていた投資家であっても実際にその渦中にいると、このまま永遠に下がり続けるような気がして怖くて買えなくなります。

積み立て投資に回す分を全部現金として持っておいて、▲5%ルール投資法のシグナルが点灯した時にガツンと投じることができれば効率は良いのですが、実際はとても難しいものなのです。**どんなに多くの資金を用意して待っていても、投資できなければまったく意味がありません。**

こうしたことを考え合わせると、**▲5%ルール投資法を単独で実行した場合、上昇相場を取り逃がす機会損失が多くなり、さらに、すべてのシグナル点灯時に投資できるかどうかが怪しいため、より投資機会が限定されてしまうというデメリットがあります。**

いずれのデメリットも、積み立て投資を並行することである程度カバーできます。積み立て投資は上昇相場でも投資を続けてくれますし、万が一、▲5%ルールのシグナル点灯時で買えないタイミングがあったとしても、毎月の積み立てでそれに近いタイミングの投資はできることになるからです。

やはり**▲5%ルール投資法は、積み立て投資と併用することでそのデメリットをカバーし、最終的に得られる利益の額も大きくできると判断できます。時間や手間がほとんどかからないのに、積み立て投資にプラスアルファした利益が期待できる、非常にすぐれた投資方法**なのです。

「▲5%ルール＋積み立て投資」で1944万円が1億1846万円に

ここまでは日本で一番売れている投資信託であるeMAXIS Slim 米国株式（S&P500）を使って▲5%ルール投資法を実行した、という想定のシミュレーションを紹介しました。

この商品は、S&P500に連動するインデックスファンドで、販売手数料は無料、かつ運用中にかかり続ける信託報酬というコストは最安水準です。▲5%ルール投資法を実行するうえで私が最もおすすめしている投資商品です。

しかし、eMAXIS Slim シリーズは比較的新しい投資信託で、設定されてから5年半しかたっていません。このため、10年20年という長期間の投資成果の検証ができません。そもそも、日本で米国株への投資が一般的になったのも最近のことで、10年以上前だとここまで低コストの良心的なインデックス投資信託はありませんでした。

そこで、同じS&P500に連動するETF「SPDR® S&P500® ETF（以降、SPY）」を使って、より長い期間で▲5%ルール投資法を実行したらどうなるかについても検証してみましょう。

このETFはアメリカの株式市場に上場している商品で、S&P500指数に連動するため eMAXIS Slim 米国株式（S&P500）とほぼ同等のパフォーマンスが期待できます。日本から円をドルに換えて投資したという想定で、2000年1月から直近の2023年12月までの24年間でシミュレーションしてみましょう。

SPYを毎月最初の営業日に、その時点でのドル円レートで3万円分を買い付ける投資を24年間続けたという想定で計算しました（図23）。

この方法で積み立て投資のみを継続した場合、つまり月3万円の積み立て投資を24年間行うと、投資した総額は864万円になります。それが24年後には、4668万3939円に成長しています。利益率としては440%、投じた資産は約5倍に増え

図23　24年間、SPYに投資を続けた成果

	積み立て投資のみ	積み立て投資＋▲5%ルール投資法	▲5%ルール投資法のみ
投資金額	864万円	1944万円	1080万円
時価評価	4668万3939円	1億1846万9820円	7178万5881円
利益額	3804万3939円	9902万9820円	6098万5881円
利益率	440.3%	509.4%	564.6%

た計算です。さすが、20年も継続するとすさまじい成長率です。

一方、▲5%ルール投資法のみを実行した場合はどうでしょうか。シグナル点灯回数は30回、総額で1080万円（積み立て投資での年間投資額36万円×30回）を投資した結果、7178万5881円に成長しました。利益率は565%、資金は6倍以上に増えた計算で、積み立て投資のみのケースを上回ります。

そして最後に、積み立て投資と▲5%ルール投資法を併用した場合を見てみましょう。投資金額は1944万円で、**投資を始めて23年5か月後に1億円を突破し、2023年12月の時価評価は1億1846万9820円になりました**。

利益率が最も高いのは▲5%ルール投資法のみの場

合で、最も低いのが積み立て投資のみの場合でした。その中間となるのが併用型ですが、投資の額が大きい分、利益の額は併用型が最大となっています。

eMAXIS Slim 米国株式（Ｓ＆Ｐ５００）を使って5年半投資した場合と同じ傾向が表れており、投資期間を延ばしても同様の成果を期待できると考えられます。**▲5%ルール投資法は、過去5年半でも、20年以上継続しても、いずれも有効な投資法であることがわかりました。**

オイルショック時のシグナル点灯を再現してみよう

私のYouTube動画ではすでに紹介していますが、▲5%ルール投資法の有用性を1973年からの過去50年のデータでも検証しています。ただ、S&P500は当時から50倍近く上昇しているのでどんな投資でも莫大な利益になっていますし、さすがに50年間、▲5%ルール投資法を続けた結果を出したところでそれを実行できる人はいないでしょうから本書では割愛しました。

ただ、73～74年の2年間はオイルショックによる激しいインフレが起こった期間で、近年の市場環境と似ているともいえます。また、点灯回数もリーマンショックと並んで多かったことから、この時期の点灯の状況をピックアップして紹介します。

図24　オイルショック時の▲５％ルール点灯

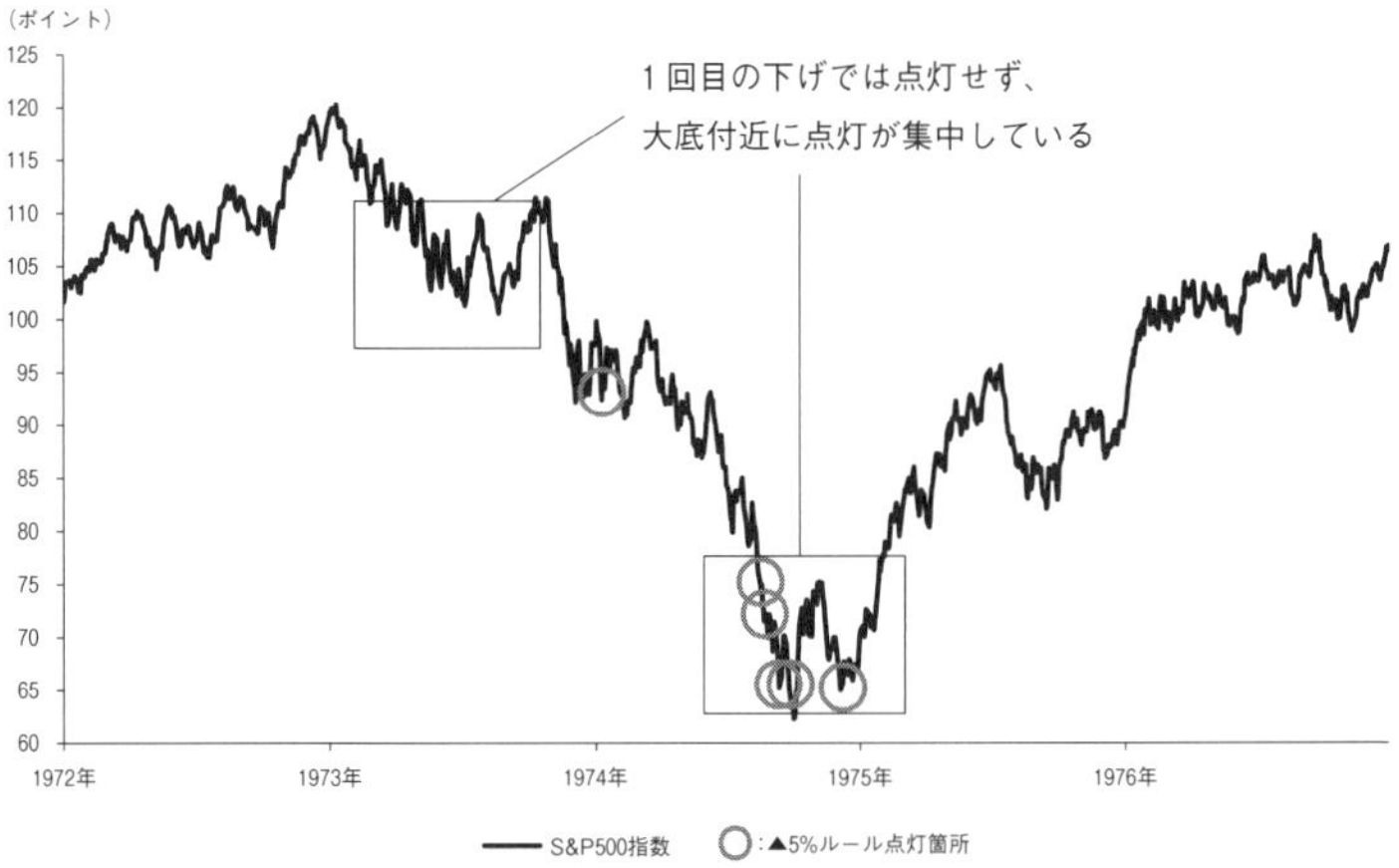

１９７３年のＳ＆Ｐ５００は、１年で高値から20％近く下落するという、とてもひどい相場でした。翌74年１月に１回目の点灯があり、その後８月に２回の点灯、９月にも２回の点灯、そして12月に１回の点灯、１年間で合計６回のシグナルが発生しました（図24）。

この期間だけを切り取れば、最初の１回は高値での点灯になっていますが、少なくとも最初の２回で投資できれば翌年には大きな利益になっており、良いタイミングで点灯していると思います。

中でも私が注目したのは、20％も下落した73年には一度も点灯せず、もう一段の深い下げがやってきた74年の大底付近で5回も点灯していることです。これは率直にすごいと感じ、▲5%ルール投資法の有用性を改めて確認できるパターンだと自負しています。

なぜ▲5％なのか？　▲4％や▲3％で投資したらどうなる？

「なぜ▲5％なのか？」「▲5％ではチャンスが少なすぎるから、▲3％や▲4％でもいいのではないか？」という疑問を持つ人もいるかもしれません。

▲5％という数字は、適当に出したわけではありません。**パフォーマンスはもちろんですが、点灯する回数や個人投資家が現実的に投資できる回数や金額までを検証・検討し、最適だと判断した下落率が▲5％**なのです。

とはいえ、▲4％や▲3％で投資した場合にどうなるかが気になる人も多いでしょう。そこで、2000年1月から2023年12月までのS&P500指数における、▲5％、▲4％、▲3％それぞれのシグナル点灯回数を比較してみます（図25）。

図25　2000年１月から2023年12月までの▲５％ルール点灯回数

点灯回数			
	▲5%	▲4%	▲3%
2000	2	5	5
2001	2	6	7
2002	2	4	6
2003	0	1	4
2004	0	0	2
2005	0	0	1
2006	0	0	0
2007	0	2	4
2008	6	8	14
2009	2	8	8
2010	2	3	6
2011	2	4	6

点灯回数			
	▲5%	▲4%	▲3%
2012	0	1	2
2013	0	0	0
2014	0	0	2
2015	1	1	4
2016	1	1	2
2017	0	0	0
2018	3	5	8
2019	0	0	1
2020	4	5	5
2021	0	0	1
2022	3	6	11
2023	0	1	1
合計	30	61	100

図26　2000年１月から2023年12月までの平均点灯回数

2000年1月～2023年12月		
▲5%	30回	1.25回／年
▲4%	61回	2.54回／年
▲3%	100回	4.17回／年

24年の間で、▲5％の点灯は30回であるのに対し、▲4％は61回と倍増しています。▲3％に至っては100回と、投資機会が3倍に増えています。

逆に、一度も点灯せずに投資機会がなかった年の回数も比較してみましょう。▲5％では12回と2年に1度は投資チャンスがなかったという結果です。これに対し、▲4％は8回、▲3％は3回と投資できない年は大幅に減ります。

平均すると、投資シグナルの点灯は▲5％では年1・25回、▲4％では年2・54回、▲3％では年4・17回という結果になりました（図26）。

最も利益率が高く、効率的なのが「▲5%」

実際に投資した場合の利益率も計算してみましょう。日本の個人投資家が買いやすい eMAXIS slim 米国株式（Ｓ＆Ｐ５００）が新規設定されてから直近までの5年半で、この商品に毎月3万円の積み立て投資を続けながら、▲5%、▲4%、▲3%それぞれのシグナルが点灯した際に年間投資額の36万円を一括投資した場合のパフォーマンスを見てみましょう。

▲5%は8回の投資で利益率は１０５・１８%、▲4%は15回の投資で89・７６%、▲3%になると24回の投資で82・６１%と、投資回数が増えるほどパフォーマンスが

図27　毎月３万円の積み立て投資＋▲５％ルール点灯時に36万円を一括投資した場合

eMAXIS slim 米国株式（S&P500）でシミュレーション					
点灯％	1点灯あたりの投資金額	点灯回数	投資金額	23年12月の評価額	**利益率**
▲5％	360,000	8	2,880,000	5,909,061	**105.18%**
▲4％	360,000	15	5,400,000	**10,246,895**	**89.76%**
▲3％	360,000	24	8,640,000	**15,777,194**	**82.61%**

落ちてしまっているのがわかります（図27）。

投資の機会が増えることには、メリットもデメリットもあります。メリットとしては、▲５％ルールでは一度も点灯のない年でも、▲３％や▲４％のシグナルが点灯し、それが利益につながっているケースがあることです。

しかしその一方で、回数が増えると十分に下がり切っていない段階でシグナルが点灯してしまい、投資したあとでさらに下がるということが増えて、投資シグナルとしての精度が下がるのが大きなデメリットです。

その投資に実現可能性はあるのか

シグナルの点灯が増えて投資回数が増えると、それだけ手元に多くの資金を用意しておかなければならないという問題も生じます。そして、たとえそれができたとしても、本当にその投資を実行できるかどうかも検証する必要があります。

図28は、平均的な年よりも点灯回数が多かった2002年のチャートです。▲3%の投資シグナルが点灯したポイントを星印、▲5%のポイントを丸で示しています。

この年は▲5%ルールであっても、最初の点灯は投資タイミングとしてはベストではなく、2回目が良い機会となっています。

図28　▲３％ルール投資法では、大底圏での投資が難しい

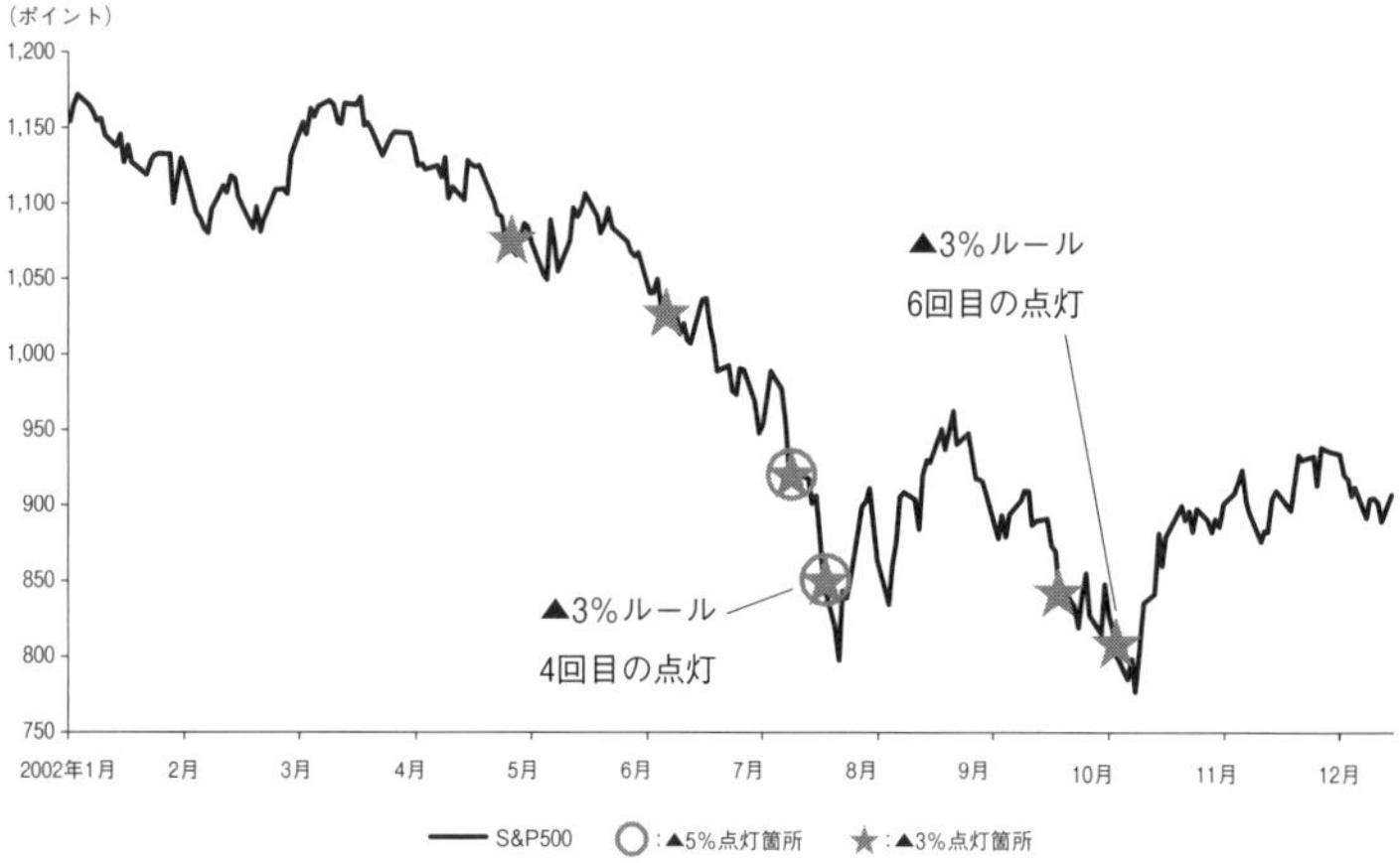

一方、▲３％で投資してしまうと、最初の３回が早すぎる投資になってしまっており、良いタイミングで点灯した４回目の時点では、過去３回の投資が大きな含み損になってしまっています。

この時点で一括投資用の資金が尽きているか、残っていたとしても過去３回の点灯で抱えた含み損による精神的なダメージが大きく、投資できるメンタルではなくなっている可能性が濃厚です。

６回目の点灯はまさにベスト中のベストタイミングといえますが、ここで６回目の投資ができる資金とメンタルを持つ人は少ないでしょう。私だったら、きっと心が折

れてしまって無理だと思います。

図29は、100年に1度の金融危機と言われたリーマンショックがおきた2008年の点灯回数を示した図です。この年は点灯回数が絞られる▲5%ルールですら6回も点灯しており、すべてのタイミングで投資するのは資金力とメンタルの強靭さが求められる特別な年だったといえます。

ましてや▲3%ルールを採用していると、投資シグナルは14回も点灯してしまっています。そのうち最初の8回は明らかな高値づかみになっており、10回目以降の点灯時にはおそらく投資家はメンタルの平静を保っていられないほどの含み損を抱えてしまっているでしょう。

これらすべてのシグナル点灯に対して、投資するのは明らかに無理です。それだけの資金とメンタルの双方をキープして実行できる投資家は、まず存在しないと思います。

図29　リーマンショック時での▲3％ルール投資法はほぼ不可能

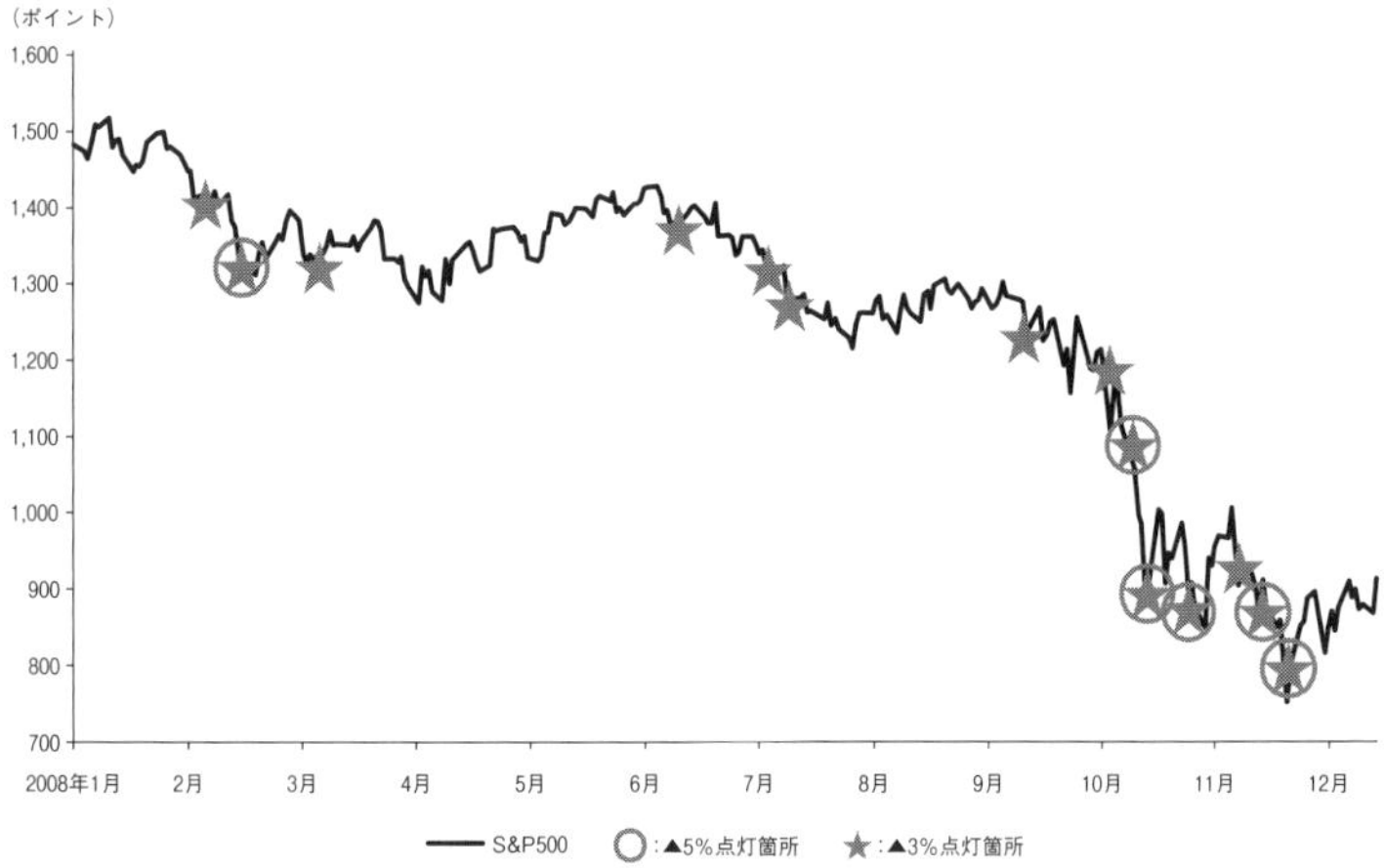

これらのデータからわかるのは、**投資法を考える際は投資成果のデータを比較するだけでなく、実際にその通りに実行できるかという点での検証も必要**だということです。

▲3％ルールでは点灯回数が多いので、絶好の投資チャンスの時に資金が枯渇する可能性が高いうえ、普通の人ではメンタルが持ちません。つまり、現実にデータ通りの成果を出すことは難しく、実際のパフォーマンスは落ちる可能性が高いのです。

この投資法は、シグナルが点灯した時に確実に買えないと1円も増やすことはできず、期待する利益を出すことができません。

年に数回しか来ないチャンスに投資ができないと、意味がないのです。

投資の成果と実現可能性の双方を考え合わせても、個人投資家に最も取り組みやすいのは▲5%ルールだと私は判断しています。

そしてこの結果はもうひとつ、とても重要なことを教えてくれています。シグナルが点灯しないのに先走って投資するのは厳禁だということです。

▲5%ルールが点灯するのは平均年1回ですが、3回以上点灯することもあれば、一度も点灯しない年もあります。投資チャンスを待っているのに一向に到来しないと、5%の下落を待ちきれず、3%や4%での下落局面で投資したくなってしまうことがあります。

しかし、それはパフォーマンスを落とすことにつながるうえ、本当の▲5%のチャンスが到来した時に投資するための資金を使い果たしてしまう可能性があるのです。

▲5%ルール投資法では待つのも重要なプロセスであり、▲5%ルールのシグナルが点灯するまでは行動を起こすべきではないのです。

なぜ▲5%ルール投資法は、こんなに投資パフォーマンスが良いのか

▲５%ルール投資法はなぜ、こんなにすぐれた投資法なのでしょうか。その理由は極めてシンプルで、安い時に買えているからです。

安い時に買えば儲かるというのは、だれでも感覚的にわかっていることです。だったらそれを実行すればいいじゃないかと思うわけですが、第2章でも解説した通り、それはとても難しいことなのです。

図30は、先の検証で用いたeMAXIS Slim 米国株式（Ｓ＆Ｐ５００）の資金の流出入額と、Ｓ＆Ｐ５００の値動きを合わせたグラフです。棒グラフはeMAXIS Slim 米国株式（Ｓ＆Ｐ５００）の資産の純増額で、高いほどたくさん買われたことを示しま

図30　買いチャンスである上昇相場の初動期ほど、買えている投資家は少ない

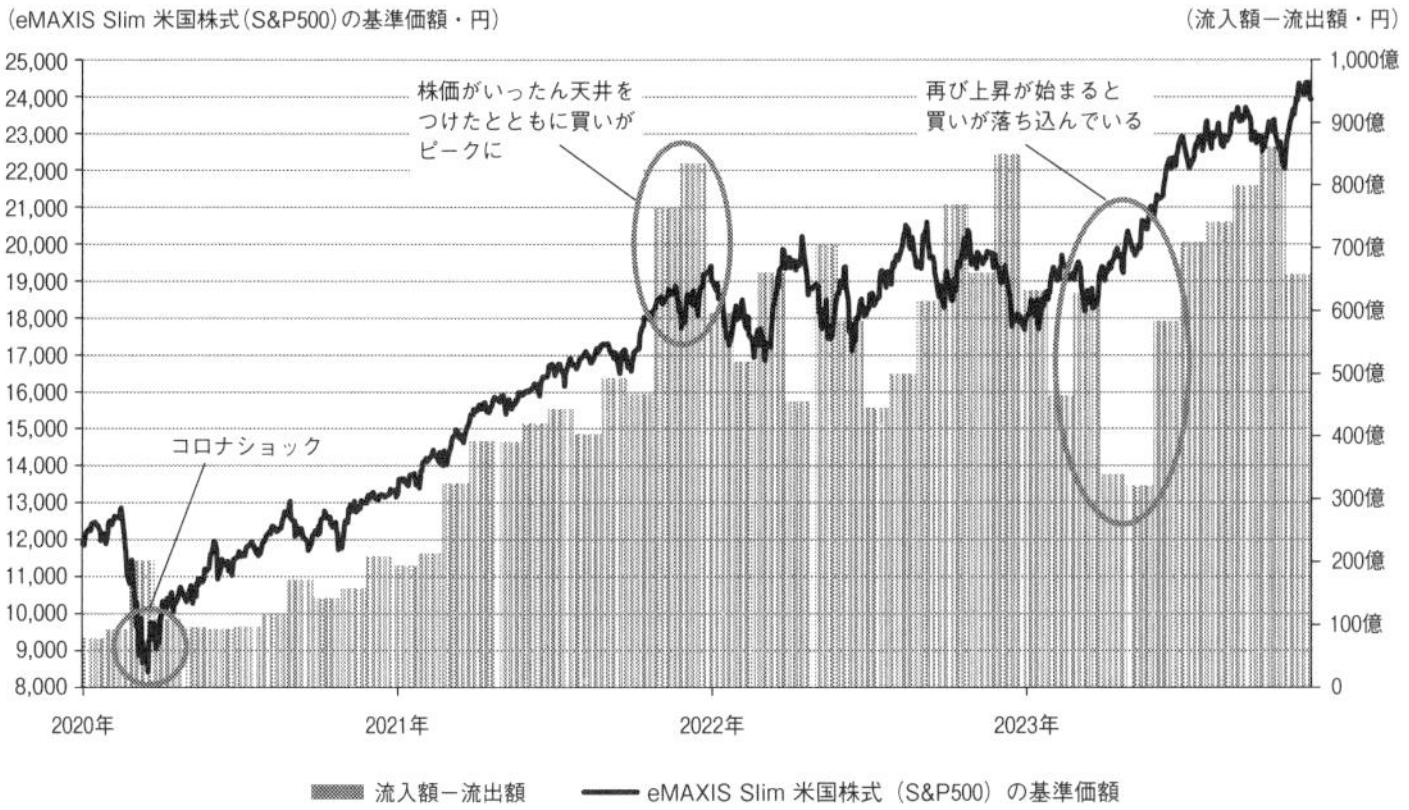

す。折れ線グラフはＳ＆Ｐ５００の基準価額です。

２０２０年3月のコロナショックの暴落時は、すかさず買いを入れた賢い投資家が少しいることがわかりますが、水準としてはごく低いものです。コロナショック後にグングン株価が上がり出し、その上昇が1年半以上続いた21年の11月と12月に、純増額がピークに達しています。

グラフだけを見れば、もっと早く投資していればいいのに、と思うでしょう。たとえコロナショックの暴落時には買えなかったとしても、その後の株価は上昇に転じているのですから、その時点でなるべく早く投資すればいいのです。

しかし実際は、上昇に転じたばかりの買い時といえる時期の純増額はほぼ横ばいです。上昇が1年近く続いたころからようやく増え始め、上昇相場が1年半続いてかなり高くなってしまった時期に投資家の買いがピークに達しています。

これは、暴落から上昇に転じたばかりのころは、まだ暴落の記憶がまざまざと残っていて、上昇トレンドに確信が持てず、買うのは怖いと感じる投資家が多いことを示しています。

一本調子にグングン上昇する相場が1年以上続くとようやく、「株は上がるものだ」「この上昇に乗らなければ損だ」と考える投資家が増えてきます。相当株価が高くなってしまったころにようやく安心感が広がり、買いが殺到するわけです。

皮肉なことに、**投資家が総じて楽観的になったこのタイミングが、株価のピーク**になっています。純増額が天井圏に達した直後に株価の上昇がストップし、1年以上にわたる横ばい相場に突入しているのがわかります。このピーク時である21年11月から22年1月までの間に買ってしまった人は、資産が含み損になったり含み益になったりという状態が1年以上続くことになります。

23年3月にようやく、長かった横ばい相場が終わり、株価は上昇を始めます。やっとここで投資チャンスがやってきたように見えますが、ファンドの流出入額はこのタイミングでむしろ大きく落ち込んでいるのがわかります。**再度の株価上昇がスタートした絶好の投資タイミングで、実際に投資できている人は極めて少ない**のです。

これは、含み損が出たり解消したりする横ばい相場が1年も続いたことで、イライラさせられた投資家がうんざりしてしまい、買うどころか含み損が消えた段階で手放してしまったからではないでしょうか。やっと良い投資タイミングが訪れて「これから」という時に、多くの投資家は金融商品を売ったり、買うのをやめたりしてしまうのです。

そして、その後は半年ほど急ピッチの上昇が続き、株価がすっかり高くなってしまってから、再度純増額が増えるという皮肉な状況が起こっていることもわかります。

感情に従って投資すると、高い時に買ってしまうもの

このデータからわかることは、**多くの個人投資家は正しい買い時を見極めて有利な投資をすることはできず、むしろ間違ったタイミングで買ってしまう**ということです。

金融の世界では、「マネー誌ではない一般の雑誌が投資を推奨する記事を載せ始めると、株式市場は天井圏だ」とよく言われます。力強い上昇相場が長期間続くと、投資家はもちろん、普段は投資に興味がない人まで買いたくなってしまうものですが、こうした**だれもが投資したくなるタイミングというのはまさに天井圏であることが多い**ということを示しています。

逆に、絶好の買い場であるはずの暴落局面では、経済誌はもちろん一般誌でも不安

図31　▲5％ルール投資法なら、正しい買い時での投資が可能

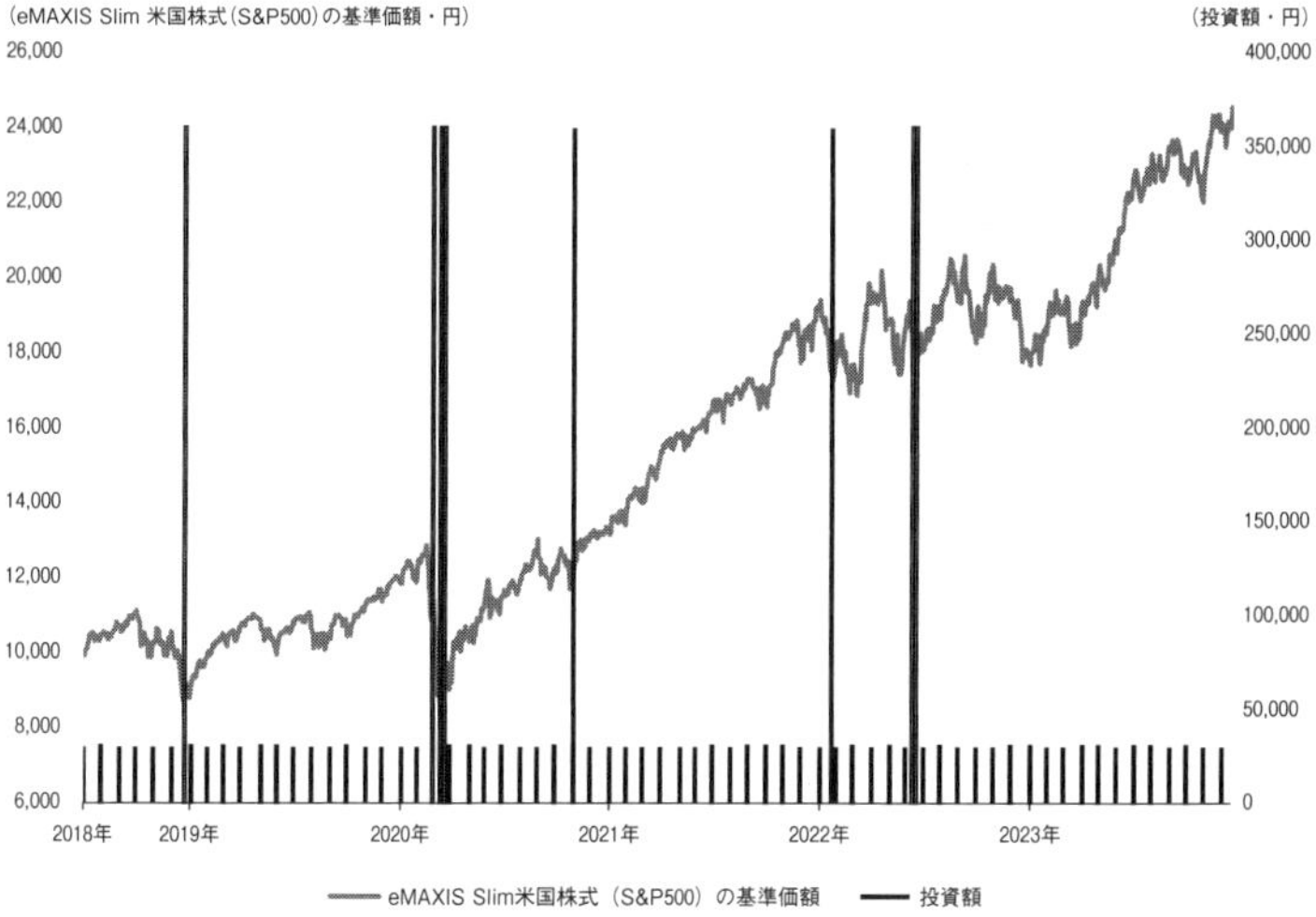

を煽るようなタイトルが躍り、ここから底なしの下落相場に突入するかのような恐怖を植え付けられます。マネー誌や投資関連の書籍は一気に売れ行きが落ち、株式投資などだれも見向きもしなくなるわけですが、まさにこうした時が買い時なのです。

図31は積み立て投資と▲5％ルール投資法を並行した場合の同年の投資額と、S&P500の値動きを重ねたものです。折れ線グラフはS&P500の推移を、棒グラフは投資額を示しています。積み立て投資を継続しているので一定額の投資額が続いていますが、

S&P500が大きく下落したタイミングで▲5%ルールが発動し、投資額が大きく増えているのがわかります。

これらのデータからわかることは、買いたくなった時に投資をしていると高値で投資をすることにつながりやすいのに対し、▲5%ルールのシグナルが点灯した時に機械的に買っていけば安い時にしっかり投資できるということです。

よほどの天才トレーダーなら別ですが、私を含め多くの人は凡人です。**凡人は自分の感情や相場観に従うよりも、ルールに従った投資をするほうがはるかに高いパフォーマンスを出せる**のです。

円安が進行している今、米国株に投資していいのか

▲5%ルール投資法が推奨する投資対象は、S&P500に連動する投資信託です。S&P500はアメリカの株価指数であることから、「円安の時に、米国株式に投資するのは不利ではないか?」という質問を受けることがあります。

日本円で収入を得て生活している私たちが米国株式に投資しようとするタイミングで円安ドル高になっていると、投資に必要な資金が増えてしまいます。投資対象のS&P500が上がっていなくても、ドルが上昇していればそれだけで金融商品の価格は上がってしまうわけです。

2022年の年明けのドル円相場は115円程度でスタートしたことを考えると、

2023年に150円を突破したドルはわずか2年で30％も値上がりしていることになります。要するに、同じ対象を買うには、2年前より30％多くの資金が必要になっています。

だからといって、円安ドル高の局面ではドル建ての投資を控えるべきかというと、結論から言えばそんな必要はありません。直近の値動きだけを見ているととんでもなく割高な水準になってしまったように感じるでしょうが、**株式市場のダイナミックな動きに比べれば、ドル円相場の変動など誤差程度の微々たるもの**だからです。

図32は、2004年1月月初を100とした、S&P500とドル円のチャートです。起点は同じでも、20年間の値動きの幅は大きく異なっており、力強く上昇しているS&P500に比べれば、ドル円の値動きは横ばいも同然に見えます。

確かに、直近を示す右端を見ると、2022年以降のドル高円安は非常に急激な値動きでしたし、2022年はS&P500の値動きも低迷したため、日本から投資した人はやや不利な状況に置かれました。

図32 S&P500のダイナミックな上昇と比べれば、ドル円の動きは小さい

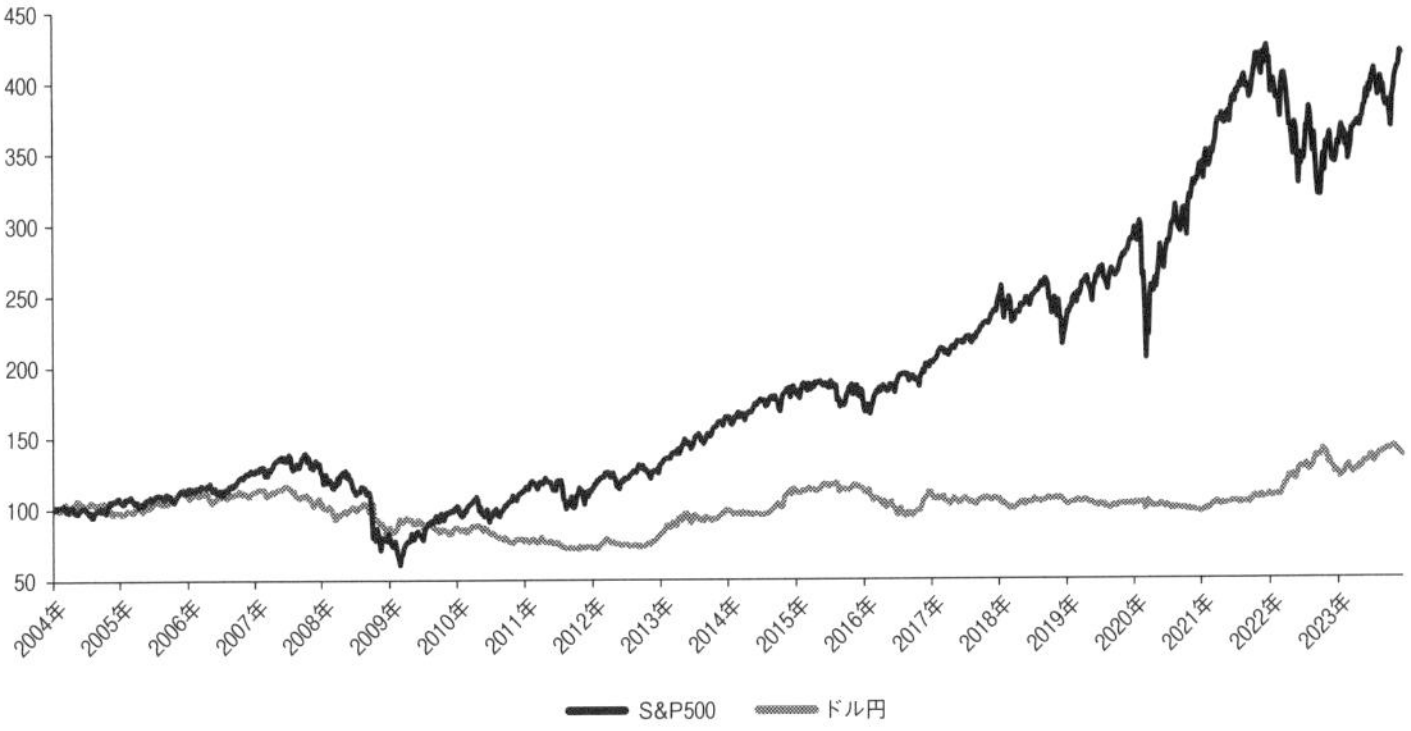

ただそれでも、値動きのダイナミックさは明らかにS&P500が勝っていて、株式市場が大きく下落している時に買えていれば、為替が多少不利になっていても十分吸収できるレベルだということは一目瞭然です。

図33はより期間を短くし、コロナショック時の値動きを示したチャートです。丸印で示している部分は、新型コロナウイルスの脅威で世界中の株価が暴落したコロナショックです。為替相場も大きく動いてはいますが、株価の下がり方とその後の回復のほうがはるかに大きくなっているのがわかります。

要するに、**資産を効率的に増やそうとするなら、為替の変動はあまり気にせず、株式市**

図33　暴落時の変動も、為替より株の方がはるかに大きい

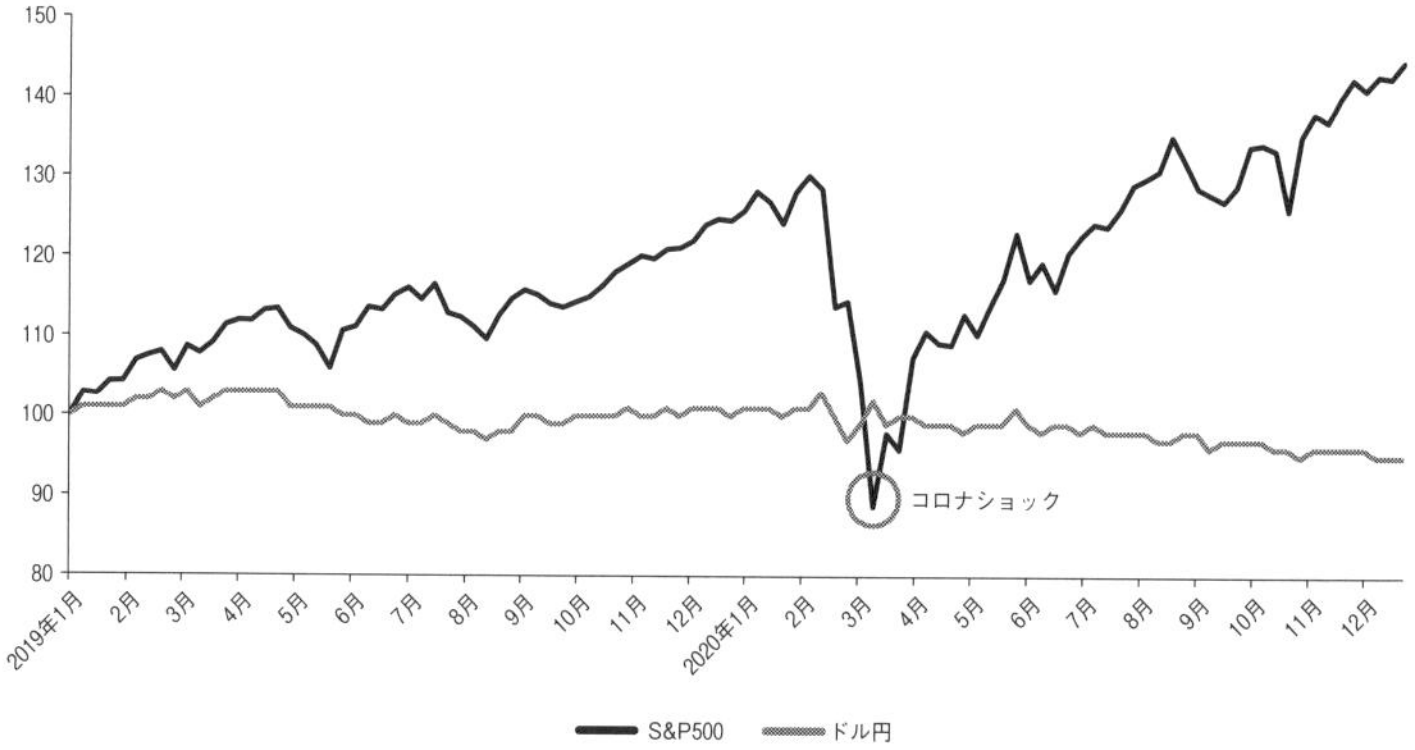

場の値動きに注目し、安くなったタイミングで確実に投資をしていくほうが、はるかに効率が良いのです。

第4章

1億円も夢じゃない！「▲5％ルール投資法×新NISA」実践編

新NISAをフル活用できる投資法

2024年にスタートした新NISAは、**まるで▲5%ルール投資法と積み立て投資を並行させるためにつくられたのではないかと思うぐらい、この投資法との相性が抜群**です。

それは、つみたて枠で通常の積み立て投資を継続しながら、▲5%ルールのシグナルが点灯した時には成長投資枠で一括投資をすることができるからです。毎月の積み立て投資とシグナル点灯時の一括投資は、合わせて1800万円まで非課税が可能になるので、いずれも利益に課税されることなく有利に資産を増やしていくことができます。

新ＮＩＳＡ口座で1年間に投資できる上限は、つみたて枠が年１２０万円、成長投資枠は年２４０万円なので、最大で月10万円までの積み立て投資に対応でき、積み立て投資2年分の資金を▲５％ルールの一括投資に充てられます。

新ＮＩＳＡでは損益通算や損失の繰越控除といった、投資で損失を出した際に多少救いになるしくみが一切使えないので、なるべく損失を出しにくい投資をすることが重要になります。第2章で解説した通り、積み立て投資は15年続ければほぼ負けなしに近い状態になりますし、▲５％ルール投資法は半年の保有で76・９％と高い勝率を誇っており、こうした点でも新ＮＩＳＡにピッタリな投資法といえます。

要するに、新ＮＩＳＡ口座で積み立て投資と▲５％ルール投資法を並行することで、つみたて枠と成長投資枠の両方をフル活用し、長期でも短期でも利益が狙えます。新ＮＩＳＡと▲５％ルール投資法は、非課税で老後資金を積み立てながら、現役時代を豊かに過ごすための資金も作りたいという人に打ってつけの最強コンビといえるでしょう。この章では、新ＮＩＳＡを使って積み立て投資と▲５％ルール投資法を実践していくための、具体的な方法を伝授していきます。

毎月の積立額を決めるポイント①

無理なく出し続けられる金額に設定しよう

積み立て投資に▲5％ルール投資法を組み合わせた投資をスタートする場合、まずは投資の期間と金額を決める必要があります。

積み立て投資と▲5％ルール投資法は、必ずしも投資期間を一致させる必要はありませんが、積み立て投資は少なくとも15年間は継続することを前提にします。第2章で解説した通り、積み立て投資は長く続けるほど利益が大きくなりやすく、15年継続すれば負けなしに近い状態に持っていくことができるからです。

スタートする年齢にもよりますが、ひとまず定年までは続けるという目標を設定しておけばいいでしょう。スタートする年齢が50歳以上であれば、再雇用後も含めて15

年継続する前提で、積み立てを続けられる金額を設定する必要があります。

毎月の積立額は、大きいほど期待できる利益も大きくなります。だからといって、毎月の収入から出せるギリギリの金額にしてしまうと、別の問題が生じます。その金額を出し続けるのが途中で苦しくなって減額してしまうと、投資の成果が落ちてしまうのです。

積み立て投資は、毎月同じ額を買い付けることで、価格が高い時には自動的に控えめに買い、安い時にたっぷり仕込むことになるので、将来の利益を伸ばしやすくなる性質があります。このため、**価格が安い時に積立額を減額すると、その効果がダウンしてしまう**のです。

一度決めた積立額を出し続けるのに無理が生じたり、金額を減らしたいと思ったりするタイミングの多くは、相場環境が悪くて株価が下落している時か、生活が苦しくなった時です。生活が苦しくなるのは景気が悪化して株価も下がっている局面と重なることも多く、こうした時に積立額を減らしてしまうと、株価が安い絶好の仕込み時に十分な投資ができなくなるおそれがあります。

このため、毎月の積立額は「ちょっときついけど頑張ればなんとかなるかな」というギリギリの水準ではなく、無理なく続けられる額に設定することが重要です。

ただ、生活に余裕が出てきた際に、積立額を増額するのはＯＫです。相場が高い時に増額してしまうと短期的には成果が落ちますが、長い目で見れば投資の額を増やしたメリットが上回ります。利益率が同じであれば、投資の額は大きい方が利益の額は増えます。

毎月の積立額を決めるポイント②

価値が半値まで落ちて、6年回復しなくても待てる金額に

積み立てる金額を決める第二のポイントが、含み損を許容できる金額です。積み立て投資は15年継続すれば最終的に損を出す可能性は極めて低くはなりますが、その途中経過では大きな含み損を抱えることは十分あり得ます。

続けていればいずれ大きな利益になるのに、含み損の精神的ダメージが大きすぎて、耐えきれずに途中でやめてしまっては意味がありません。このため、含み損が出ても耐えられる額に抑えることも重要になります。

といっても、自分がいくらの含み損なら耐えられるかというのは、事前にはわかりませんし、想像もしづらいものです。最初のうちは積み立ての資産も大きくありませ

んが、積み立てを継続するほどトータルの投資額も増えるので、さらにイメージしづらいでしょう。

イメージする際のヒントとしては、過去の暴落相場をもとに想像してみることが挙げられます。2000年代のITバブル崩壊と、100年に1度の金融危機と言われたリーマンショックでは、いずれも株価（S&P500指数）は約半値程度まで下落しました。為替変動込みでショック前の水準に回復するまでには、ITバブル崩壊で約6年、リーマンショック（サブプライムローンショック含む）でも約6年を要しています。

積み立て投資では、暴落後の安値でもコツコツ投資を続けるので、市場よりも早く元本を回復することは可能ですが、念のためこれらのケースを踏まえて、「元本が半値になっても6年我慢できる額」という最悪のケースをイメージするといいでしょう。

積立額の結論としては、**積み立てをやめるその時まで減額しないで済む額で、元本が半値になって6年は許容できる額を意識して設定**します。

▲5%ルール点灯時の投資額の最適解とは

▲5%ルールのシグナルが点灯した時には、毎月の積み立てとは別に、成長枠で一括投資をすることになるので、このための資金を別に確保しておく必要があります。この時の一括投資額は、安くなった絶好のタイミングで投じるお金なので多いほど有利ですが、**ひとつの目安として、私は「積み立て投資1年分の金額」を推奨しています**。つまり、毎月の積立額×12倍です。

▲5%ルールのシグナルが点灯しているタイミングは、市場が暴落してパニックになっている状態です。普段は「早く投資のタイミングが来てほしい」「暴落はまだか」と思っている人でも、その渦中に放り出されると、「本当に今投資していいのか」「こ

のまま下がり続けるのではないか」と恐怖に身がすくむものです。

こうした状況では、仮に資金が潤沢にある人であっても、積み立て投資の2年分や3年分という大きな金額を投じることはなかなか難しいでしょう。おそらく、1年分が限界だと思います。

ただ、資金が足りない人は半年分でもかまいません。1年分よりも狙える利益の額は小さくなりますが、まずはこのタイミングで買えることが重要です。**半年分の資金なら用意できる、半年分であればなんとか勇気を出せる、というのであればそれでチャレンジしましょう。半年分でも難しいなら1か月分でも2か月分でもいいので、まずはシグナル点灯のタイミングで確実に資金を投じる経験を積んでください。**

ちなみに、1984年から2023年までの40年間の点灯回数は40回、年で平均すると1回です。ただ、実際は点灯が複数回集中する年と、一度も点灯しない年に分かれる傾向があります。特に大きな暴落を伴う金融危機の前後には、短い期間で複数回点灯することが多くなります。たとえば、リーマンショックがあった2008年は6回、ブラックマンデーがあった1987年とコロナショックがあった2020年は4

図34　▲5％ルールの点灯回数

▲5%ルール点灯回数							
1984年		1994年		2004年		2014年	
1985年		1995年		2005年		2015年	1回
1986年	1回	1996年		2006年		2016年	1回
1987年	4回	1997年		2007年		2017年	
1988年		1998年	2回	2008年	6回	2018年	3回
1989年	1回	1999年	1回	2009年	2回	2019年	
1990年		2000年	2回	2010年	2回	2020年	4回
1991年		2001年	2回	2011年	2回	2021年	
1992年		2002年	2回	2012年		2022年	3回
1993年		2003年		2013年		2023年	

発生頻度 ➡ 平均1年あたり1回　1回のみ ➡ 5年　複数回 ➡ 12年

1987年（4回）…ブラックマンデー
2002年（2回）…ITバブル崩壊
2008年（6回）…リーマンショック
2009年（2回）…リーマンショック
2018年（3回）…VIXショック（2回）
+クリスマスショック（1回）
2020年（4回）…コロナショック
2022年（3回）…インフレショック

回点灯しており、複数回点灯した年もある一方で、一度も点灯しない年もあります。ちなみに記憶に新しい2022年のインフレショックでは3回点灯しました（図34）。

このため、理想をいえば3～4回点灯しても買えるぐらいの資金を用意しておくのがベストではあります。とはいえそこまで資金が貯まるのを待っていてはスタートできない人もいるでしょうから、まずは年1回のシグナル点灯時に投資することを目標にし、積み立て投資を継続しながら一括投資分の資金を少しずつ貯めていくというのが、ひとつの落としどころになりそうです。点灯しなかった年の資金は翌年に持ち越せば、翌年は複数回の点灯に対応できることになります。

投資資金に余裕がある人は、新NISAのつみたて枠と成長投資枠の年間の上限額も考慮して積立額を決定する必要があります。つみたて枠は120万円、成長投資枠は240万円が年間の上限になるため、積み立てを上限いっぱいの月10万円に設定すると、▲5％ルール投資法のシグナル点灯時に成長枠で120万円を投資することになります。そうなると、投資できるのは年2回の点灯までとなります。

それでも十分だとは思いますが、年3回以上点灯するリーマンショック級のチャンスに備えたいと思うのであれば、積み立て投資を月5万円にして、一括投資を4回まで対応できるようにしておく手もあるでしょう。

ちなみに、私自身は積立額を月5万円に設定しています。できれば年4回のシグナル点灯に対応したいのと、利用しているクレジットカードの積み立て投資に対するポイント還元が月5万円までに設定されているというのが理由です。

その人の収入やリスク許容度に応じて、月1万円や月3万円でも、もちろん問題ありません。

投資対象はS&P500一択でOK

投資額が決まったら、次に決定すべきは投資対象です。

▲5%ルール投資法では、シグナルが点灯した時には、積み立て投資と同じ投資対象に一括投資します。私は、**積み立て投資もシグナル点灯時の一括投資も、世界で最も重要な株価指数であるS&P500に連動する金融商品が最適**だと考えています。

S&P500は、ニューヨーク証券取引所とナスダックに上場している銘柄から、時価総額や流動性、四半期連続で黒字利益を維持しているなどといった条件にもとづいて選定された500社で構成される指数です。

四半期に一度、銘柄入れ換えが検討されており、こうした条件に適合しなくなった

図35　日・米・英・中の代表的な株価指数

企業があれば入れ換えられることになります。

このため、もし対象企業の中に赤字の企業が出てしまったとしても、こうした銘柄をはじき出してくれるので、知らない間に赤字銘柄に投資し続けてしまう心配がありません。

そもそも、日本をはじめ世界各国の株式市場は、すべてアメリカの株式市場に影響を受けた値動きをしています。程度の差はあっても、米国株が下がればどの国の株式市場も下がりやすくなりますし、米国株が上がれば他の国の市場も上がりやすくなるのです。

要するに、どの国の株式市場や個別株に投資をする場合も、米国株の動きは必ずウォッチしておかなければならないほど、アメリカの株式市場は重要な存在なのです。

そして何より、**アメリカの株式市場は長期的なパフォーマンスにおいても、他の投資対象を圧倒しています**。各国の株式市場の値動きを比較したチャートを見れば、その強さは明らかです（図35）。

日本人なのだから身近な日本株に投資をしたい、という人もいるかもしれません。

しかし、パフォーマンスを見る限り、その考えに合理性はあるとはいえません。

さらにいえば、投資は自分の感情にもとづいた判断をするとだいたい失敗します。外国の株は怖いから日本の株にという考えは、感情的な発想以外の何物でもありません。

ちなみに、世界で2番目に運用資産が大きい機関投資家である「ノルウェー政府年金基金」は、資金の約7割を株式で運用しています。そのうち最も大きな割合を占めるのが米国株で、47％にも上ります。

これに対し、日本の株が全体の株式に占める割合は、株全体の7％に過ぎません。

もちろん、ノルウェー国民の大切な年金を運用しているからといって、ほとんどを自国であるノルウェーの株で運用している、なんてこともありません。

ちなみに、ノルウェー政府年金基金を上回る世界最大の機関投資家は、日本の年金を運用する年金積立金管理運用独立行政法人（ＧＰＩＦ）です。ＧＰＩＦは年金資産の半分を株式で運用しており、株式の半分を日本株が占めています。この配分の背景にはさまざまな事情はあるのでしょうが、日本国民の年金資産を最大化させることを優先するなら、こうした配分にはならないはずなのです。

個別株投資をするのであれば、情報を集めたり分析がしやすい日本株に軍配が上がることもあるでしょうが、▲５％ルール投資法は市場全体に投資するインデックス投資なので、そもそも個別企業の情報収集や分析をする必要がありません。

個人投資家が海外の株に投資をすることが難しかった時代ならいざ知らず、スマホをタップするだけで海外の資産にリアルタイムかつ低コストで投資をすることが可能になっている今、**身近だからという理由で日本株にこだわるのはナンセンス**だといえます。

世界の株式に分散投資をするほうがリスクは抑えられるのか？

一般的に、投資のリスクを抑えるためのキーワードとして、「長期・分散・積立」が重要とされています。この本で紹介する積み立て投資と▲5％ルール投資法を併用する投資では、「長期」と「積立」は満たしていますが、投資対象をアメリカの株式市場に限定しているために、「分散」が十分でないと感じる人もいるかもしれません。

分散投資は、「卵をひとつのかごに盛るな」の格言で知られる通り、資金を同じ商品に集中させていると、それが下落した時のダメージが大きくなってしまうので、投資対象はなるべく分散させようという考え方に基づく手法です。S＆P500は500の企業で構成されているので投資する企業は分散できていますが、すべてアメリカ企業の株なので国としての分散はできていないことになります。

実際、「世界中の株式市場に分散投資をしたほうがリスクは抑えられるのでは？」という声を頂戴することは多くあります。

近年は、「ＭＳＣＩ オール・カントリー・ワールド・インデックス（ＡＣＷＩ）」という世界中の株式で構成される指数、通称「オルカン」が人気を集めています。この指数に連動する投資信託を1本買うだけで、世界中の株式に分散投資ができるというのがその理由です。「eMAXIS Slim」にも、オルカンに連動する投資信託がありま す。

しかし、次の図36を見ればわかる通り、オルカンの直近のパフォーマンスはＳ＆Ｐ５００を大きく下回っています。世界で最も影響力を持ち、最もパフォーマンスの良い株式市場があって、そこに手軽に投資できる商品があるのですから、素直にそれを買えばよく、わざわざパフォーマンスが劣る指数を選ぶ意味はあまりないというのが私の考えです。

また、Ｓ＆Ｐ５００指数の大きなウエイトを占めているのは、ＧＡＦＡＭと呼ばれるアメリカのグローバル企業です。GAFAMとは、アメリカの情報技術産業のみならず、世界経済をもリードする超巨大IT企業（ビッグテック）5社（グーグル（持ち株会社はアルファベット）、アマゾン、フェイスブック（現メタ）、アップル、マイクロソフト）の頭文字をとった略称です。この5社に半導体のエヌビディアとテスラを加えた「マグニフィセント・セブン」も広く使われます。

これらの企業は、アメリカだけでなく世界中でビジネスを展開しており、私たち日本人はもちろん、世界中の人たちにとって、なくてはならないサービスとなっています。アメリカ国内の売上の割合が全体の半分に満たない企業も多く、たとえばアップルはアメリカ国内の売上は全体の36％程度、エヌビディアは30％程度、フェイスブック（現メタ）は40％程度に過ぎません。アメリカ企業としてアメリカの株式指数を構成していても、実際は世界中で売上を上げて、世界中の経済成長を取り込みながら企業成長を続けているわけです。

要するに、**アメリカの株式市場に投資しているということは、それだけで世界中の経済成長はある程度カバーできていると考えて差し支えない**のです。

図36　2008年4月を100としたS&P500とオール・カントリーの比較チャート

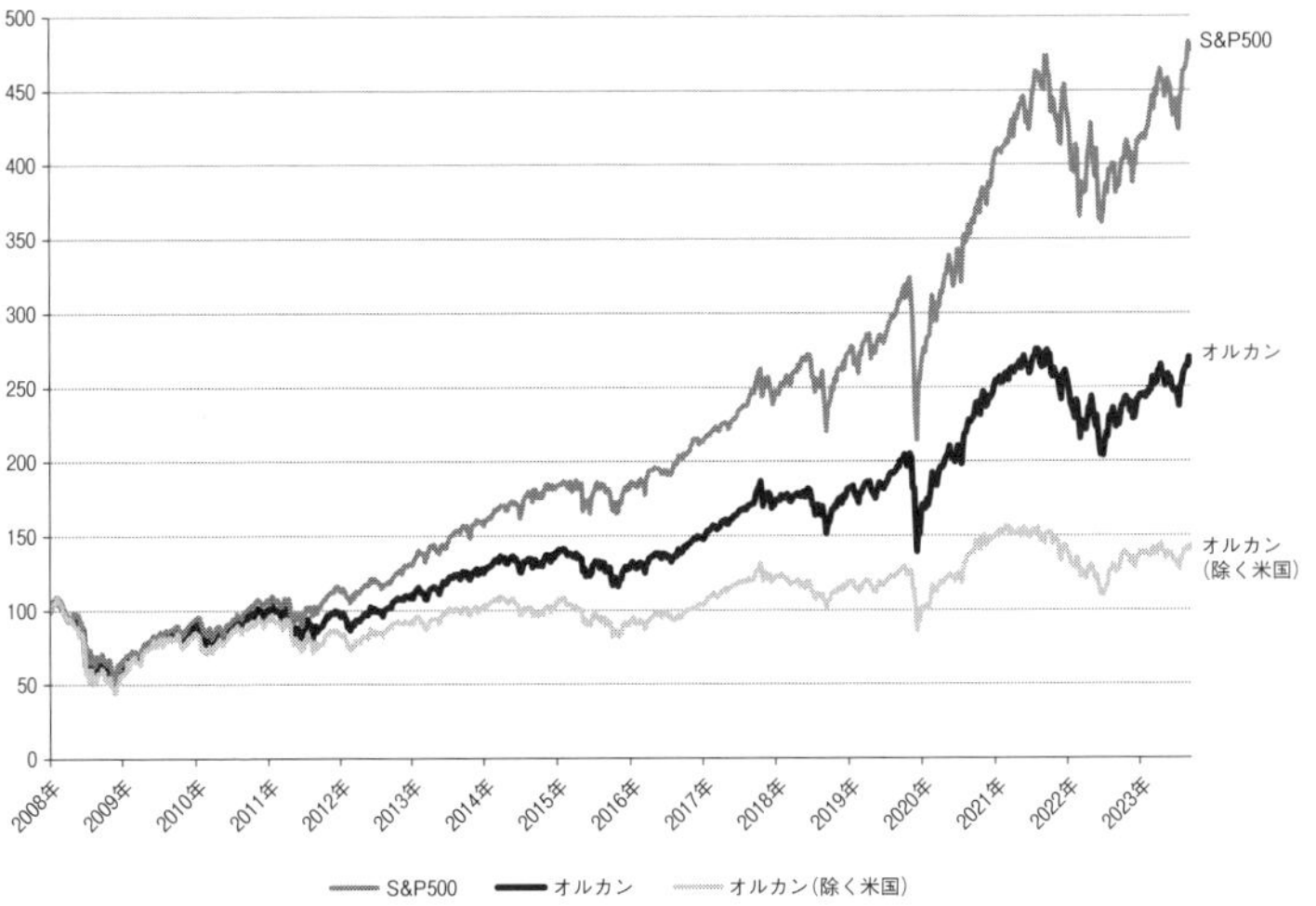

すでに世界経済をリードしているアメリカより、インドのような新興国のほうが伸びしろが大きいと考える人もいます。もちろんそれもひとつの正解ではあります。

ただ、すでにアメリカの主要企業の中には、実はインド人やインド出身者が社長を務める企業がたくさんあります。例を挙げると、グーグルを傘下に持つアルファベットやマイクロソフト、ＩＢＭ、スターバックスなどです。アメリカ企業の成長は、今やインドの頭脳が支えているといっても過言ではないほどです。

アメリカンドリームという言葉がありますが、現代はアメリカ国内だけでなく世界中の優秀な人材がビッグテックや有望なスタートアップが集積するシリコンバレーを目指しています。**アメリカの株式市場に投資をするということは、インドはもちろん世界中の国々に間接的に投資し、経済成長の恩恵を受けている**といえるのです。

ただ、アメリカの株式市場が今後も世界をリードしていくという保証があるわけではないので、分散を重視するならオルカンに連動する投資信託を使ってもかまいません。オルカンの中で米国株が占める割合は、6割程度です。

ちなみに、アメリカの株式市場といえばNYダウも有名です。NYダウはダウ平均株価と言われることもあり、ニューヨーク証券取引所やナスダックに上場している米国企業の普通株式など30銘柄で算出している株価指数のことです。

NYダウを構成する企業はわずか30社と少ないため分散効果が小さい点と、NYダウに直接連動するインデックスファンドは新NISAのつみたて枠で投資できる対象ファンドに含まれていないため、本書では投資対象としていません。

この投資信託を選べば、間違いない！

S&P500に投資するには、S&P500指数に連動する投資信託か、あるいはETF（上場投資信託）を購入するという2つの方法があります。

ETFはリアルタイム性が高く、アメリカの株式市場に上場しているETFであれば金曜日未明に▲5%ルールのシグナルが点灯することが確実になった時点ですぐに買える点がメリットです。投資信託だと、週末に注文を入れても月曜発注になり、約定するのは火曜なので、いくらで買えるかが事前にはわからないうえ、週明けのS&P500に大きな変動があると思わぬ高値や安値で約定してしまうことになります。

リアルタイムの売買にこだわりがあり、深夜に起きて注文を入れるのが苦にならない人であればETFを使えばいいと思いますが、私はそこまでこだわる必要はないと考えます。あとで詳しく述べますが、どの時点で約定するかは長期的に見れば誤差に過ぎないので、無理しなくても週末の時間のある時に投資信託を注文しておけば十分です。

また、ETFは金額を指定して買うことができず、口数で指定するので、買いたい金額ピッタリで買うことができません。投資信託は金額を指定して買えるので、投資初心者にも注文しやすいというメリットもあります。

投資信託を買う場合、S&P500指数に連動するインデックスファンドはたくさんありますが、連動元が同じならどれを選んでも投資成果はほぼ同じです。しかし、運用にかかるコストである信託報酬は商品によって異なるので、なるべく安いものを選ぶと有利です。また、多くの資金を集めている投資信託の方が運用は安定しているので、なるべく人気のある商品のほうが安心です。

「業界最低水準の運用コストを将来にわたって目指し続ける」というコンセプトを打ち出し、第3章のシミュレーションにも活用している「eMAXIS Slim 米国株式（S

&P500)」か、信託報酬が同程度に安い「SBI・V・S&P500インデックス・ファンド」のいずれかを選んでおけば間違いないと思っています。

3STEPの▲5%ルール投資法

ここからは、▲5%ルール投資法を実践する具体的なプロセスを解説していきます。

積み立て投資を併用する人は、これとは別に新NISAのつみたて枠で、設定を済ませておきましょう。

STEP1 毎週末に株式情報サイトで▲5%ルールの点灯がないかをチェック

▲5%ルール投資法は、**1週間の終わりの株価を前の週の株価と比較して、5%以上下落していたらシグナル点灯**となります。
アメリカの株式市場は、日本時間の土曜早朝に現地時間の金曜の取引が終了し、1

週間が終わります。S&P500の終値（その日の最後についた価格）は、証券会社のアプリや金融情報サイトなどで確認できるので、毎週末の終値を記録しておき、最新の数値と比較するというのがオーソドックスな方法ではあります。

ただ、この方法だと少しばかり手間がかかります。時間にして、5分ぐらいでしょうか。もっと時短したいという場合は、10秒で終えられる方法があります。S&P500の前週比が▲5％ルールに合致しているかどうかを、一発で確認できるサイトがあるのでご紹介しましょう。

①「https://stockcharts.com/」で検索窓に「$SPX」と入力する

これはStockChartsという海外のサイトです。英語なのでとっつきにくいと感じるかもしれませんが、英語が苦手な人でもシグナル点灯は簡単に確認できるので心配ありません。私の知る限り、日本語のサイトでは一発で確認できるところがないようなので、このサイトを使うのが一番早いと思います。

S&P500の前週比が▲５％ルールに合致しているかを確認する方法

① 「https://stockcharts.com/」で検索窓に「$SPX」と入力し、「GO」をクリック

② Period を「Daily」から「Weekly」に変更し、「Update」をクリック

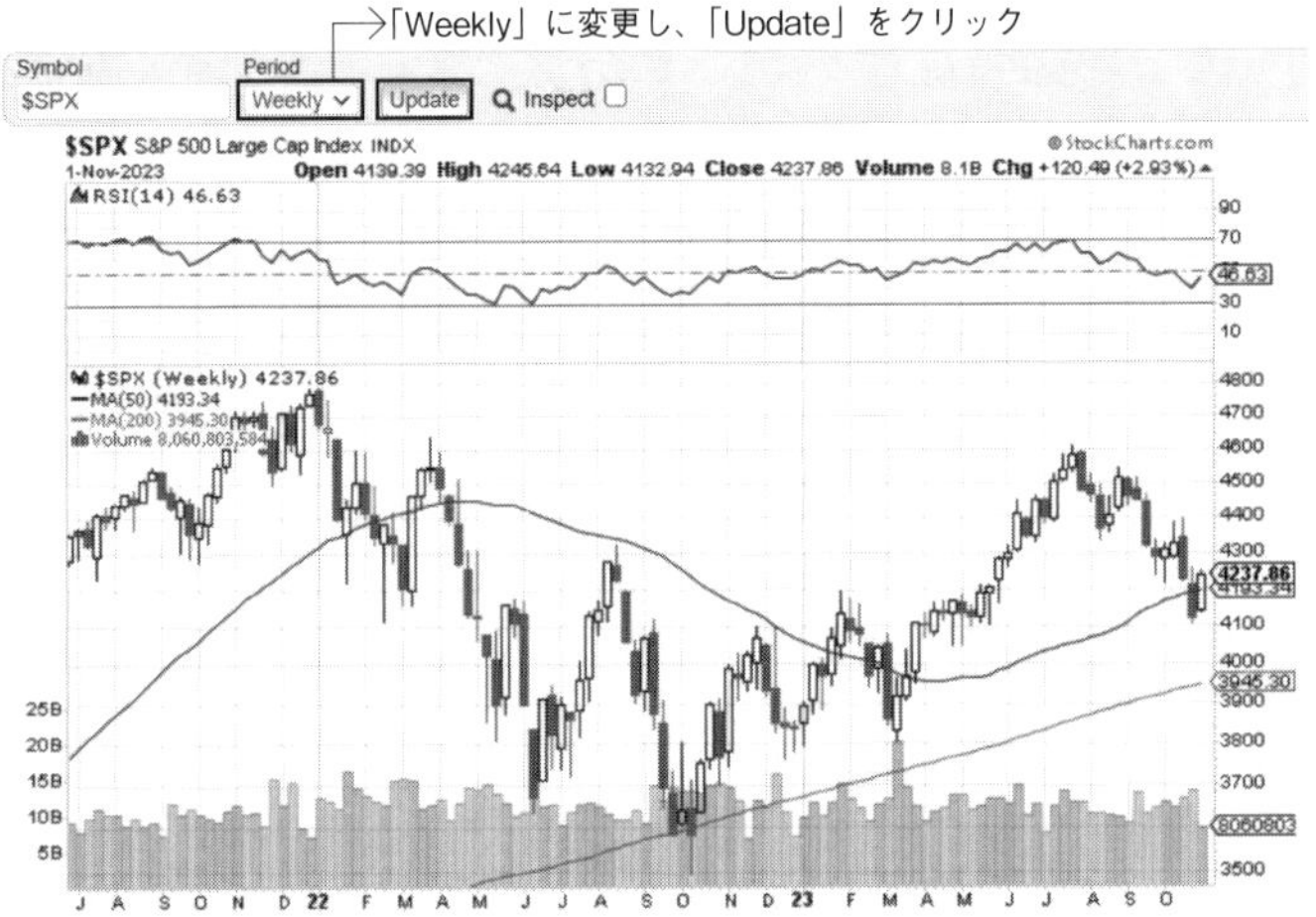

③ 「Chg（変動率）」が▲５％以下になっているかを確認

まずはトップページにある検索窓に「$SPX」と入力。すると、S&P500の毎日の値動きを示す日足チャートが表示されます。

ちなみに、あらかじめ、検索結果のページ（https://stockcharts.com/h-sc/ui?s=$SPX）をブックマークしておき、ここに直接アクセスすれば、ワンクリックでS&P500の日足チャートを表示できます。

② 左上の「Period（期間）」のプルダウンメニューを「Daily（日足）」から「Weekly（週足）」に変更し、すぐ横の「Update（更新）」をクリックする

③ チャートの右上にある「Chg（変動率）」が▲5％以下になっているかを確認する

チャートの右上にある「Chg」は、前週終値からその週の終値がどれだけ変化しているかを示す数値です。ここが「▲5％」か、それよりもマイナス幅が大きくなっていればシグナル点灯です。

P180の③では「＋2・93％」なので、シグナル点灯はないと判断できます。点灯していなければ、何もする必要はなく、その週の作業は終わりです。点灯しているのを確認できた場合は、次のステップに移ります。

STEP2　週末のうちに投資信託の買い注文を出しておく

▲5％ルールのシグナル点灯を確認したら、積み立てしている投資信託のスポット注文を出しておきましょう。口座は新NISAの成長投資枠を使い、金額買付を指定して、積み立て金額の1年分の額、あるいは投資できる額を入力し注文します。これで、▲5％ルール投資法の投資は完了です。

週末のどのタイミングで注文を出しても、その注文が成立するのは火曜の終値なので、慌てなくても都合の良い時間で大丈夫です。もし週末に注文を出すのを忘れてしまっても、月曜の気づいた時点ですぐ注文してください。

リアルタイムにこだわりがある人なら、米国上場のS&P500指数に連動するETFを注文してもOKです。終値を待たなくても、▲5％が確実だと思えた時点で注文してしまってかまいません。

ただ、それはやりたい人だけやればいいことで、無理をする必要はありません。リアルタイムの価格で注文できたとしても、長い目で見れば誤差に過ぎませんから、**週末の都合の良い時間に投資信託を注文しておけばOK**です。

待ちに待ったシグナル点灯！でも投資できない理由は……

あんなに待ちわびた暴落なのに、それが現実になった時、「待ってました」とばかりに買える人ばかりではありません。

▲5％ルールのシグナルが点灯している時、金融市場はパニック状態にあります。百戦錬磨のプロでさえもアタフタしている相場です。そんな時に経験の乏しい素人が、冷静さを保つのは難しいものです。あんなに暴落を待っていたはずなのに、いざその渦中に放りこまれると、「今はまだ早いのでは？」などという思いが頭をもたげて、なかなか買付ボタンをクリックできないかもしれません。

この恐怖心に打ち勝ってクリックできた投資家だけがその後の相場回復の恩恵を受

けるわけですが、なにしろ敵は自分の感情です。これは慣れない人にとっては、なかなかの強敵です。

過去を振り返れば、シグナルが点灯した時に買っていれば、高い確率で勝利できています。勇気が出ない時は、第3章をもう一度読み返してください。

投資経験の少ない人はそれでも買えないかもしれませんが、がっかりする必要はありません。そんな時はその後の値動きをしっかり見ておきましょう。数日後か、数か月後か、あるいは1年以上かかるかもしれませんが、いつかは何事もなかったかのように株式市場は回復していきます。

それを見て、「やっぱりあの時買っておくんだった」と悔しい思いをすることになります。人間には欲がありますから、こうした後悔を経験するうちに、暴落相場で買う勇気が育まれていくものです。

人によっては1回では難しいかもしれませんが、何回かこうした悔しさを味わえば、いずれチャンスが来た時に買えるようになるのです。

▲5％ルール投資法は、たとえ最初は実行できなくても、こうしたプロセスを経て

投資家としてのレベルがアップするようになっています。買えなくて悔しい経験をすることも、長い目で見れば決して無駄ではないのです。

積み立て投資は放置一択で

買えなかっただけなら、次のチャンスを待てばいいので傷を負うことはありません。

しかし、絶対にやってはいけないのは不安に駆られて、これまで積み立ててきた資産を投げ売りしてしまうことです。**せっかく育ててきた資産を、暴落の安値の最中に売って大損失を確定してしまっては、取り返しがつきません。**

売るまではいかなくても、ひとまず積み立て設定をやめて様子を見ようとする人もいますが、これも厳禁です。積み立て投資はどんな相場であっても続けることに意味があります。特にこうした暴落相場は絶好の仕込みチャンスですから、すでに積み立てている資産にも積み立ての設定にも、絶対に手を出してはいけません。**積み立て投**

資は最低でも15年、放置一択であることを思い出してください。

積み立て投資をしている人は、セカンドライフのために大きく増やそうという長期目線で資産形成しているはずです。それなのに、目の前で暴落が起こったとたんに、その長期目線を忘れてしまいます。翌日の下落や翌月の含み損が膨らむ恐怖にとらわれ、それ以外に何も考えられなくなってしまうのです。

そんな時は今一度、自分の運用のゴールはいつなのかを思い出してほしいと思います。S&P500で下落相場が終わらなかったことはありません。下落相場も大暴落も、いつか必ず終わりがきます。

投資を成功させるうえで最も重要なのは、実はポートフォリオでも投資の対象でもありません。投資のパフォーマンスを最も左右するのは、投資家自身のメンタル管理なのです。

「いくらで買えたか」を気にする必要はない

▲5％ルールのシグナルが点灯して、買う気は満々の人でも、「本当に今、買っていいのか」と迷うことがあります。「もう数日待ったほうがさらに安くなるのではないか」「買ったあとで下がるのは嫌だから底を打ったのを確認して買いたい」などと先延ばしにしたり、逆に「週が明けたらあっという間に反転上昇してしまうかもしれないから、金曜を待たずに注文しておいたほうがいいのではないか」などと焦って先走ってしまう人もいます。

投資信託の場合、金曜夜や土日に発注しても、月曜に発注しても、約定するのはすべて火曜の終値になるので、どうしてもタイムラグが生じます。注文時に約定する正確な価格を確認できないことも、こうした迷いを大きくしてしまうようです。

こうした迷いはいずれも、もっと下がるのではないかという恐怖、早く買わないとあっという間に戻してしまうのではないかという焦りから生じるもので、投資の敵である感情がルールに従うことを邪魔してきている状態です。

結論から言うと、**こうした迷いはすべて捨てて、機械にでもなったつもりで週末に決めた額の注文をしてください。年に1回あるかないかのチャンスが来ているのに、迷っているうちに結局買えなかったという悲劇だけは避けなければならない**からです。

買うのが数日ズレれば、確かに上がることもあれば下がることもあります。これによって最安値を逃すこともあれば、想定していたより安く買えてトクすることもあります。

しかし、こうした変動はすべて誤差に過ぎません。暴落の局面では、「買えたか買えなかったか」が最も重要で、「いくらで買えたか」ということはパフォーマンスにさほど大きな影響を与えません。買ったあとでさらに下がって大底を逃したとしても、あとから見ればそれは誤差の範囲です。ましてや、1週間で5％も下がった市場が1

日で全戻しするようなこともまずありえないので、多少上がったとしても焦る必要もありません。

要するに、シグナルが点灯してから投資タイミングを計ることに大きな意味はなく、むしろ失敗する可能性が高まります。「頭と尻尾はくれてやれ」という相場の格言にある通り、大底で買って天井で売るという100点満点の投資を狙ってしまうと、0点どころかマイナス点を取ってしまう可能性が高まります。最初から70点ぐらいを狙うほうが、ずっとうまくいくものです。

そもそも大底を狙おうとするのは投資が下手な人か、投資の本質をわかっていない人です。株式市場は往々にして、大衆の思いと逆に向かうものだからです。

もっと下がってから買おうと思う人が多いほど株価は上昇しますし、このまま上がってくれるだろうと楽観する人が多いほど下落に転じます。

あなたが怖くて買えないと思っている時ほど、そのタイミングが底である可能性は高く、あなたが急いで投資しようとする時ほどその後の相場は下落するものなのです。

大底を狙ったところで無理ですし、たとえできたとしても、それは単に運がよかっただけだと思ってください。くれぐれも自分は相場がわかると思ってはいけません。自分は凡人であり、感情に従ったら負けることを思い出しましょう。

▲5％ルールのシグナルが点灯した時に「いくらで買えたか」はどうでもいいことで、重要なのは、「買えたか、買えなかったか」です。シグナル点灯を確認したら余計なことを考えず、淡々と買い注文を入れるロボットになってください。

2週連続のシグナル点灯は「激レア」かつ「激アツ」

かなりレアなケースではありますが、2週連続で▲5％ルールのシグナルが点灯することがあります。こうした局面は、1度目の点灯で相場が急落する中、勇気を振り絞って投資をしたのに、翌週にそこからさらに5％も下がってしまった状態です。

1度目の点灯で投資した分はもちろん、点灯前から投資している分も多額の含み損を抱えてしまっています。市場は完全にパニック状態で、1度目は恐怖に耐えて投資した人でも、2度目の点灯では躊躇《ちゅうちょ》してしまうこともあるでしょう。

そこで、過去40年をさかのぼって調べたところ、2週以上連続でシグナルが点灯した例は7回ありました。平均すると5～6年に1度しか出現しないレアケースといえ

図37　２週以下連続で▲５％ルールが点灯した時の騰落率推移

	▲5%ルール点灯日	4週間後	13週間後	26週間後	52週間後
1	1987/10/09	▲19.1%	▲20.6%	▲16.9%	▲14.2%
	1987/10/16	▲13.1%	▲13.9%	▲8.1%	▲2.5%
	1987/10/23	▲2.5%	▲0.7%	+4.8%	+14.3%
2	1998/08/28	+1.7%	+16.1%	+20.6%	+31.3%
	1998/09/04	+2.9%	+20.8%	+31.0%	+39.4%
3	2002/07/12	▲1.4%	▲9.3%	+0.7%	+8.3%
	2002/07/19	+9.6%	+4.3%	+6.4%	+17.2%
4	2008/10/03	▲11.9%	▲15.2%	▲23.4%	▲6.7%
	2008/10/10	+3.5%	▲1.0%	▲4.7%	+19.2%
5	2008/11/14	+0.7%	▲5.3%	+1.1%	+25.2%
	2008/11/21	+11.0%	▲3.7%	+10.9%	+36.4%
6	2020/03/13	+2.9%	+12.2%	+23.2%	+45.5%
	2020/03/20	+24.7%	+34.4%	+44.0%	+69.8%
7	2022/06/10	0.0%	+4.3%	+0.9%	+10.2%
	2022/06/17	+5.1%	+5.4%	+4.8%	+20.0%

ます。

この7回について、それぞれの騰落率を調べると（図37）、2回目の点灯の52週間後の成績は▲2・5％、＋39・4％、＋17・2％、＋19・2％、＋36・4％、＋69・8％、＋20・0％です。平均すると＋28・5％でかなり良好なことがわかりました。過去40年のシグナル点灯時をすべて平均した52週後の利益率は26・1％なので、2週連続で点灯した場合の利益率は、全体を2％上回っています。

ちなみに2週連続で点灯した7回のうち1回は、1987年に3週連続で点灯したきわめてレアなケースで、3回目の点灯が大底となりました。このためこのケースは唯一、2週目の投資が1年後でもマイナスになってしまっていますが、これをのぞいて計算すると平均利益率は33・7％で、2週連続で点灯した場合の利益率は26・1％からなんと7・6％も跳ね上がります。

▲5％ルールのシグナルが点灯している時は、ただでさえ市場参加者が我先にと投げ売りをしている局面なのに、それが2週続いているとなると株式市場だけでなく世

図38　S&P500の基準価額推移と▲5％ルールの点灯箇所

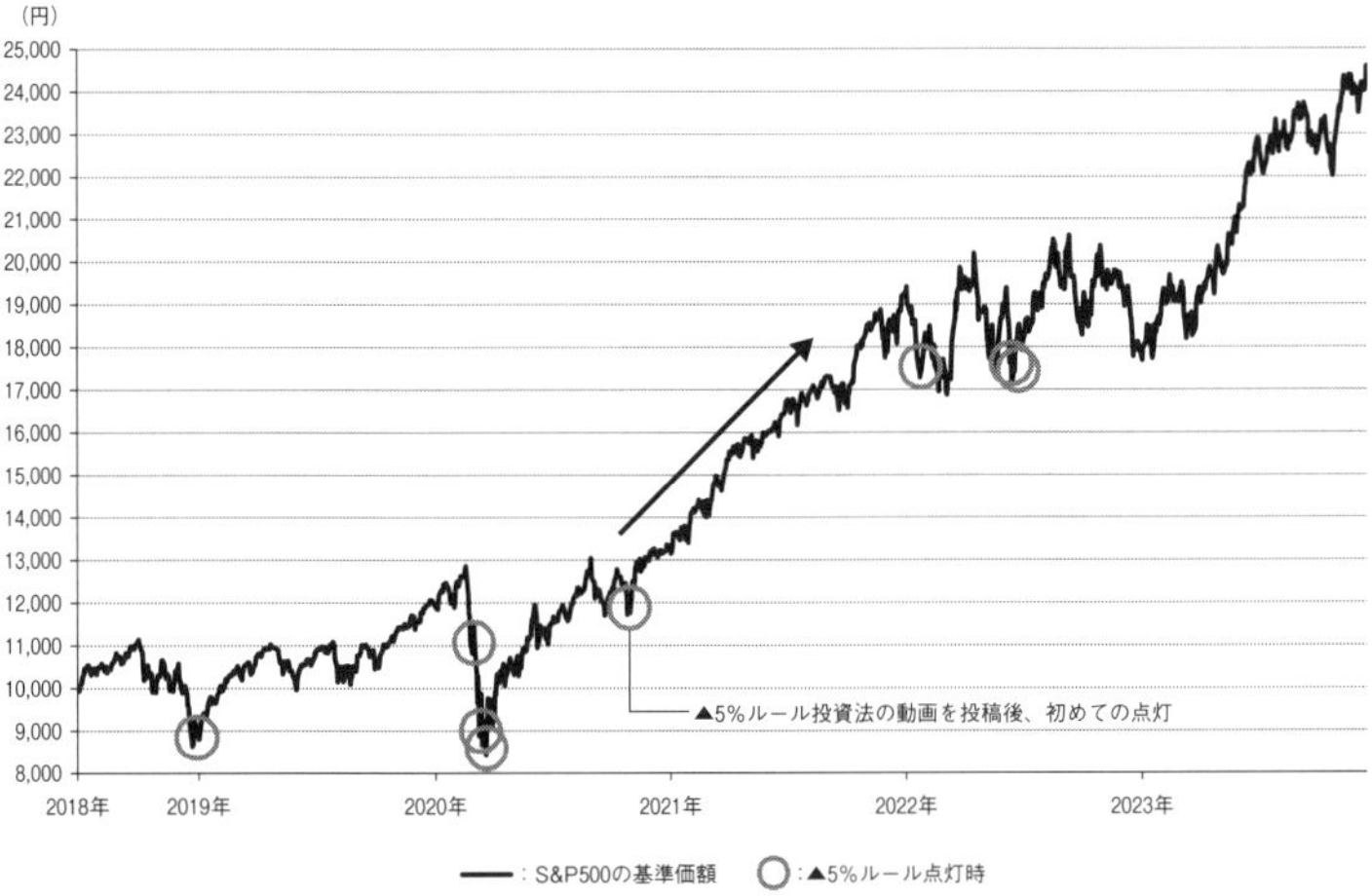

の中全体にパニック状態が伝播しています。暴落局面はチャンスであるとわかっていて1回目の点灯でしっかり投資できた人でも、2回目となると恐怖と不安に押しつぶされそうになってしまうものです。

私は2020年7月に初めて▲5％ルール投資法を紹介する動画をYouTubeにアップしました。そのころから動画を観てくれていた視聴者の中には、▲5％ルール投資法を深く理解し、シグナルの点灯を心待ちにしている人も多くいました。

そしてその4か月後、動画投稿後に初

めてシグナルが点灯し、その後の株価は回復どころか強い上昇に転じてこの投資は大成功となりました。続いて22年1月には2回目の点灯がありました。

そして、そのわずか5か月後となる22年6月に、私が▲5%ルール投資法を紹介する動画を投稿してから初となる「2週連続のシグナル点灯」が起こったのです。


結果としては、この2週連続の点灯は絶好の投資タイミングとなり、株価はあっという間に上昇に転じて、実行した投資家にまたもや大きな利益をもたらしました。

ところがYouTubeのコメント欄には「1回目は買えたけど、2回目の点灯は怖くて買えませんでした」という内容の記述が、いくつも見られました。私の動画を観て▲5%ルール投資法を理解し、実際に成功を経験した人であっても、2週連続の点灯は怖くて投資ができなくなってしまうということがわかりました。

確かに、2回目の点灯というのは、せっかく勇気を出して1回目の投資をしたのに、わずか1週間で5%の含み損を抱えてしまった状態です。そんな状況で再度シグナルが点灯しても、ひるんでしまう気持ちは理解できます。

そんな時は、このデータを思い出してください。**2週連続の点灯は通常の点灯よりも期待できる利益が大きい絶好の投資チャンスである**ことを。**投資を躊躇するのではなく、余力があるなら投資金額を増やしてもいいぐらい、めったにない激アツな投資タイミング**なのです。

ちなみに、2022年に2週連続で点灯した際の2回目で買えた場合、この投資は23年12月時点で40%の利益になっています。

なかなか▲5%ルールのシグナルが点灯しない時には？

積み立て投資だけでは物足りなくなってしまった人が、▲5%ルール投資法を並行して行おうと決めて、週末の株価チェックを始めると、とある問題に直面します。投資する気満々で週末ごとに暴落のチャンスを待っているのに、いっこうに投資タイミングが来なくてイライラしてしまうのです。

それもそのはずで、2000年から2023年まで24年間の相場を見ても、▲5%ルールのシグナルが点灯したのはわずか30回です。平均すると年に1回か、せいぜい2回という計算です。2023年にいたっては、前年の6月に点灯して以来、一度も点灯していないため、本書を執筆している23年12月時点では、1年半も点灯がない状態が続いています。直近では、2021年も一度もシグナル点灯はありませんでした。

要するに、チャンスが二度三度と複数やってくる年もあれば、一度も来ないという年もかなりの頻度であるのです。

せっかく資金を用意して待っているのに、投資できないのは歯がゆいものです。そこが、▲5%ルール投資法の唯一のデメリットといえる点なのですが、これはメリットでもあります。無駄打ちをしないからこそ、高い確率で利益を出すことができるのですから。

実際、▲5%のルールを緩和して、▲4%にすると、30回しかなかった点灯は61回とほぼ2倍になります。そうすると、投資の回数が増えるため資金も倍必要になりますが、投資したあとにさらに下がるリスクが増大するため、利益は倍にはなりません。結果として失敗に終わるシグナルの割合が増え、精度が下がるのです。

なかなかチャンスがやってこないと、▲2~3%程度でも買ってしまいたい衝動に駆られる人もいるかもしれません。

こういう時は、うまくいかなかった時に「買って後悔する」ケースと、「買わなくて後悔する」ケースと、どちらがいいかを考えてみてください。具体的には、我慢できずに買ってしまって損失を出すケースと、買っておけば利益が出たのに買わずにその利益を逃したケースの、どちらがマシかを比較するのです。

買って後悔する場合は、損失が出ています。一方、買わなくて後悔する場合は、儲け損ねただけで損は出していない状態です。私だったら、どうせ後悔するならせめて損失を出さない後者を選びます。そう考えれば、シグナルが出ていないのに余計なことはしないでおこうと自制することができるはずです。

そもそも、買っておけばよかったのに儲け損ねた、という場合であっても、積み立て投資を続けていれば投資はできており、上昇の恩恵は十分に受けています。上昇相場はもちろん、▲5％に届かない下落時でも、ちゃんと投資はできています。

だから、無理に追加投資をする必要はないのです。**用意しているお金は、もっと大きな利益が期待でき、勝率も高い絶好のチャンスが来た時のために取っておくべき**なのです。

上昇相場が続いていると投資チャンスはなかなか訪れませんが、だからこそ積み立て投資を並行しているのだと考えましょう。積み立て投資をしている限り、上昇相場の恩恵は十分に受けているので焦る必要はありません。5％も下落するのは非常にまれであり、めったに来ない水準まで十分に引き付けるからこそ、勝てるのです。

待つのも立派な投資行動です。チャンスはいずれ訪れます。過去40年間（1984年～2023年）で4・99％の下落は2回、4・98％の下落は1回あり、このぐらいであれば▲5％ルールの点灯とみなしてもかまいませんが、3％や4％の中途半端な下落時には余計なことはしないようにしましょう。

第5章

リスクとリターンを最適化する出口戦略は「債券・金・株式」

投資のやめ時、育てたお金の使い時

投資はお金を増やすことそのものが目的ではなく、増やしたお金で生活を豊かにしたり、老後の安心を得たり、夢を叶えたりすることが本当の目的であるはずです。そのため、投資で増えた資産を必要なタイミングでできるだけ有利に換金したり、必要な時までその価値を守りながらキープしていったりという視点も重要になります。

また、まとまった収入やキャリアアップも期待できる現役世代と、収入が年金だけになってしまう定年世代では、投資に対する向き合い方を大きく変える必要も生じてきます。

この章では、積み立て投資と▲5%ルール投資法で増やしたお金を、どう使っていくべきかについて解説していきます。

投資のやめ時、そして育てたお金の使い時についてはいくつかのパターンがあるので、主なケース別に解説していきましょう。

パターン①　まとまったお金が必要になった時

投資をしている最中であっても、まとまったお金が必要になる時はあるでしょう。家をリフォームしたい、子どもの進学や留学の資金に使いたい、車を買い替えたいといった使途はもちろん、▲5％ルール投資法がうまくいって利益がたくさん出ているから憧れていた贅沢品を買いたい、海外旅行を楽しみたい、という使い道だってもちろんOKです。

積み立て投資は時間がかかるので老後資金に回すのが適していますが、▲5％ルール投資法で短期的に利益が出せたのであれば、人生を豊かにするためにどんどん使って良いと思います。

この場合は、**積み立て投資を続けている新NISAのつみたて枠ではなく、▲5％**

ルール投資法を行っている成長投資枠にある投資信託を換金するようにしてください。

つみたて枠でまとまった額を換金してしまうと、翌年以降に枠が空いても積み立て投資でないと埋めることができないので、▲5%ルールのシグナルが点灯するような投資チャンスが来た時でもまとまった投資ができない事態が生じることになります。

お金が必要になった時に成長投資枠から換金すれば、翌年以降にはその枠が復活します。翌年以降に▲5%ルール投資法のシグナルが点灯した時に、その空いた枠で再びまとまった額を投資することが可能になるのです。

資金の管理をシンプルにするという意味でも、この方法は役立ちます。つみたて枠の資産は老後資金として事前に決めた投資期間が終わるまでは手を付けないと決め、現役時代の出費は成長投資枠の▲5%ルール投資分を充てるという管理はわかりやすく、実行しやすいでしょう。

ちなみに、**まとまったお金が必要になった時に損失が出ている、という時はできるだけ手を付けず、回復を待つようにしてください。第2章で積み立て投資を15年続けても、歴史的な相場の不運が重なると損失が出ることをお伝えしましたが、そんな時**

でも1～2年プラスすれば助かります。こうした時に損失を確定してまで換金しなくて済むよう、あらかじめ使うことが決まっているお金は投資に回さずに、貯蓄など元本が守られる方法で用意しておく必要があるのです。

パターン②　今じゃなくてもいいけれど、換金して使いたい時

「必ずしも今必要なわけではないけれど、良いタイミングで換金して海外旅行を計画したい」というようなニーズもあるでしょう。旅行そのものは翌年の夏休みでもいいけれど、直前まで投資信託で置いておくべきか、今のうちに換金しておいたほうがいいのかと迷うこともあるはずです。

こういう時は、第3章のP111で紹介した、投資してからの期間ごとの平均利益率と最大利益率のデータが参考になります（図16）。

たとえば、最後に▲5％ルール投資法を実行してから1年以上経っているという場合なら、シグナル点灯から1年後である52週間後の平均利益率と最大利益率をチェックします。平均利益率の26・1％を上回る利益が出ているなら、もう十分な利益は出

せていると考えて換金の決断をしても良いのではないでしょうか。

ましてや、口座の利益が最大利益率である69・8％に近づいている場合は、過去のデータで見ても株式市場が短期的には天井圏にあると考えることもできます。使う予定があるのであれば、早めに換金しておくほうがいいかもしれません。

逆に、まだ平均利益率に達していないということなら、もう少し待てば資産が増える可能性もあります。平均利益率を上回ったら換金するというのも、判断基準のひとつです。

パターン③　早めに利益を確定して、次のシグナル点灯時の投資資金に回したい場合

本書で紹介する▲5％ルール投資法は積み立て投資のように何年も時間かける必要はありませんが、1日で取引を完結させるデイトレードや数日で利益を確定させるスイングトレードのような超短期投資に使う方法ではありません。平均利益率のデータを見てもわかる通り、利益は時間が経過するほど大きくなるので、最低半年、できれば1年は保有を続ける前提で実行するのが有利です。

ただ、人によっては、毎月の収入から積み立て投資は継続しているけれど、▲5%ルール投資法に何年も資金を追加し続けていく余裕がないというケースもあるでしょう。**一部であっても早めに利益確定をして、増えた分を次のシグナル点灯時の資金として確保しておけば、追加できる資金が少なくても雪だるま式にお金を増やしていくことができます。こうした目的があるなら、1年以内の短期投資として活用することも可能**です。

こうした投資期間を定めない短期投資では、売却の判断は難しいものです。「もっと上がるかもしれない」という欲や、「早くしないと下がるかもしれない」という恐怖が、判断を鈍らせてしまうからです。

この場合も、まずは前述したように、経過した期間ごとの平均利益率を超えていれば、それでよしとみなして売却する方法があります。たとえば1か月で売却しようとするなら、4週後の平均利益率である7・5%を上回る利益が出ていれば売却してOKとする方法です。

もうひとつの方法は、売却と保有の二択ではなく、発想を逆転して「買い増ししたいか、したくないか」という視点で考えてみることです。売却というのはすでに自分が持っている資産をどうするかの判断を迫られるので、どうしても欲や感情に左右されやすく、冷静な判断がしにくくなる傾向があります。

そういう時はいったん自分が持っているということを忘れて、今このタイミングで、この価格で、新たに短期投資目的で買えるかどうかという視点で考えてみましょう。ゼロから買うか買わないかを考えることで、比較的フラットな立場で冷静な判断がしやすくなります。

今からでもリスクを取って投資したいと考えられるのであれば、まだ持っていてもいいと判断できますし、こんな高値で買い増しなんてしたくないと思うのであれば、売り時かもしれないということになります。

パターン④ 投資期間が終わった時

定年まで継続すると決めた積み立て投資で、あらかじめ決めていた投資期間が終わって、十分な利益も出ている、そんな場面が最も悩む時かもしれません。

長かった積み立て投資の期間を達成すると、その資産は一度に動かすには大きくなり過ぎているものです。なにしろ何千万円と成長した資産の評価額は、ちょっとした株価の変動でも数十万や数百万円は簡単に動きます。昨日は3000万円あったのに、今日は2900万円になっているなんてことも稀に起こるので、今すぐ使うわけではない大きな資産をこれからどう管理したらいいのかと、途方に暮れてしまうかもしれません。

結論から言うと、**定年を迎えて自分で稼ぐことができなくなったら、リスクを取って増やすことに集中していたこれまでの投資から、その価値をキープしながら一定の収入を得ていくための投資にスイッチしていく必要がある**と考えています。

積み立てた資産を少しずつ取り崩すのは危険な理由

一般的には、毎月の給与収入がなくなって生活費を補いたくなったら、投資信託などに積み立てた資産を少しずつ取り崩して使うのが良いとされているようです。たとえば、年金だけでは生活費が足りず、月５万の資産取り崩しが必要なのであれば、これまで積み立ててきた資産から毎月５万円ずつ換金して使っていくという方法です。

あるいは、金額を決めるのではなく、毎月０・２％とか年４％などというふうに、決まった割合で換金していく方法もあります。

ただ、これらの方法はいずれも、取り崩さない残りの資産を株式（Ｓ＆Ｐ５００）のままで置いておくことになります。そうなると、**持っている資産の残額と取り崩し**

を続けられる期間が、株価の変動に左右されることになります。

第2章で積み立て投資を10年や15年と継続しても、ゴール地点の相場が歴史的な悪い状況にあると損失を出すケースがあることを紹介しました。老後の取り崩しの期間に、こうした不運な相場に遭遇してしまう可能性もないわけではありません。もちろん、相場が良ければ取り崩しているのに資産が減らないというううれしい状況になることもありますが、いずれにしても自分でコントロールすることはできません。

やはり、資金を100％株式のままにしていると、老後の大切な資金を常に大きなリスクにさらし続けるというデメリットがあるのです。

定年後の高配当株投資は危険がいっぱい

積み立て投資で築いた資産をいったん換金し、そのお金で高配当株を買うという選択肢も近年は人気があるようです。定年時に受け取った退職金で、こうした投資をする人もいます。

なにしろここ20年ほどは株価が好調で、配当狙いで買った株の株価が上昇し、さらに増配が繰り返されていることが多く、こうした高配当株投資がとてもうまくいっているというのが人気の理由です。

配当を受け取りながら、株の評価額もグングン伸びるという成功体験を持つ人は多いことでしょう。

しかし、この状態が永遠に続くと思っているのであれば、かなり心配です。**この状況は、たまたま相場環境に恵まれてうまくいっていると考えるべきで、常にこうした投資が成功できるわけではないからです。**

というのも、２００８年のリーマンショック時や２０００年のＩＴバブル崩壊では、株価は半値近くまで暴落したという過去があります。これらの局面で株を保有していた人は、資産の評価額が半減したうえに、約４割の上場企業がこれまで払い出していた配当をゼロにする「無配」や配当金を減らす「減配」に転じたために、配当収入まで失いました。余裕資金で投資をしている人ならいいのですが、配当金を生活費に充てていた人は深刻なダメージを受けたはずです。

毎月一定の収入が得られた現役時代は、一時的に資産が減るリスクを取ってでも、時間をかけて大きく増やすことを目的とした積み立て投資と▲５％ルール投資法を継続することができました。生活費となる収入は別にあるわけですから、短期的な投資資産の増減には目をつぶることができたわけです。

しかし、定年以降はそうはいかなくなります。万が一、これから同じことが繰り返されれば、定年時に5000万円の資産ができていても、それが突然2500万円になってしまうことは、あり得るのです。

配当をお小遣いや臨時収入のような感覚で受け取るのであれば老後の高配当株投資も一向にかまわないのですが、生活費を配当金に依存するのは危険です。この20年ぐらいは株式市場がとても良い環境だったために、高配当株投資を安易に考えている人がとても多いことを心配に感じています。

どうしてもやりたいという人を無理に止めることはしませんが、私は自分のお客様に対しては、老後にS&P500に資産を置いたままの取り崩しや、高配当株投資を積極的に勧めることはありません。

60歳の時に大暴落に見舞われたら!?

資産運用はなにも、老後の生活費だけが目的ではないでしょう。毎日の仕事から解放されて時間が自由になったら、憧れていたクルーズ船の旅や長期の海外旅行、あるいは趣味やライフワークに打ち込むために使いたいという人もいるでしょう。

こうしたお金の価値は、健康寿命によって大きく変わると私は考えています。健康寿命とは、健康上の問題で日常生活が制限されることなく生活できる期間をいいます。健康寿命は、男性なら70代前半まで、女性なら70代半ばまでが目安です。それよりも年齢が上がると、病気で行動が制限されたり、介護が必要になったり、そこまでいかなくても旅行や外出がおっくうになって、お金と体力が必要な活動が大幅に減る傾

図39　80歳近くになって資産が増えても、成功とは言い切れない

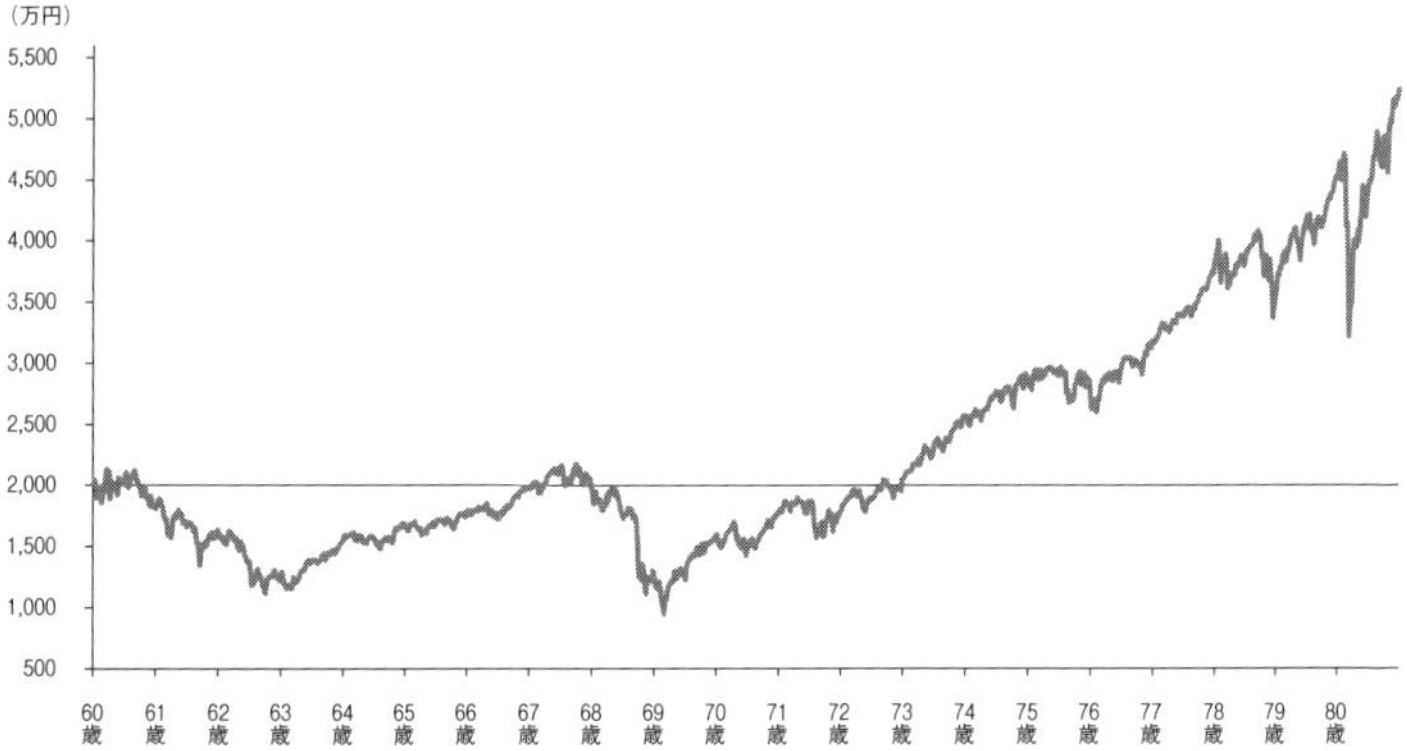

向があります。

このため、資産運用で増えたお金で第二の人生を楽しみたいというのなら、60代のうちに使っておくのが現実的です。「ようやくセカンドライフが始まった。さあお金を自由に使うぞ！」と意気込んだ時に、もしリーマンショックやＩＴバブルのような暴落相場が来たらどうなるでしょうか。

図39は、60歳の時にＳ＆Ｐ５００を２０００万円分持っている人の資産が、ＩＴバブル崩壊とリーマンショックに見舞われたらどうなるかをシミュレーションしたチャートです。

80歳まで保有を続けていれば、20年で資産は

2・5倍の5000万円に成長させることができています。結果だけ見れば100点満点の運用といえるでしょうが、健康寿命である75歳までの15年間のうち、約13年間で元本割れをしていました。

時間に余裕があり身体も比較的元気な70代前半まで元本割れの状態が続き、本格的な衰えを感じる80歳以降に資産額がピークを迎えても、「それで資産運用をしていてよかった、増えたお金で人生を豊かにできた」といえるでしょうか。

せっかく定年後の人生を豊かにするための資産を形成しても、いざ使おうと思った矢先にこのような暴落に見舞われてしまうと悲惨というしかありません。リーマンショックは100年に1度の金融危機といわれてはいますが、あと100年は同じ規模の金融危機が来ないと決まっているわけではありません。定年後もそのまま株式で運用を続けていると、こうした憂き目に遭う可能性がないとは言い切れないのです。

定年を迎えた人や迎えようとする人には「ニコニコフィフティ投資戦略」

せっかく現役時代の投資で資産が築けたのであれば、定年前後には投資戦略をスイッチし、リスクを取り過ぎないようにするのが安全です。具体的には、大きく増やす戦略から大きく減らさないという目的に転換し、なおかつその資産から一定の収入を獲得し続けられるポートフォリオ（資産の配分）に変更するのです。

私が定年を迎えた人や迎えようとする人に基本の投資として勧めているのが、債券半分、そして株式と商品を4分の1ずつ保有するポートフォリオ（資産の配分）です。株式が25％、金が25％、債券が50％なので、「ニコニコフィフティ投資戦略」と名付けました（図40）。

図40　ニコニコフィフティ投資戦略のポートフォリオ

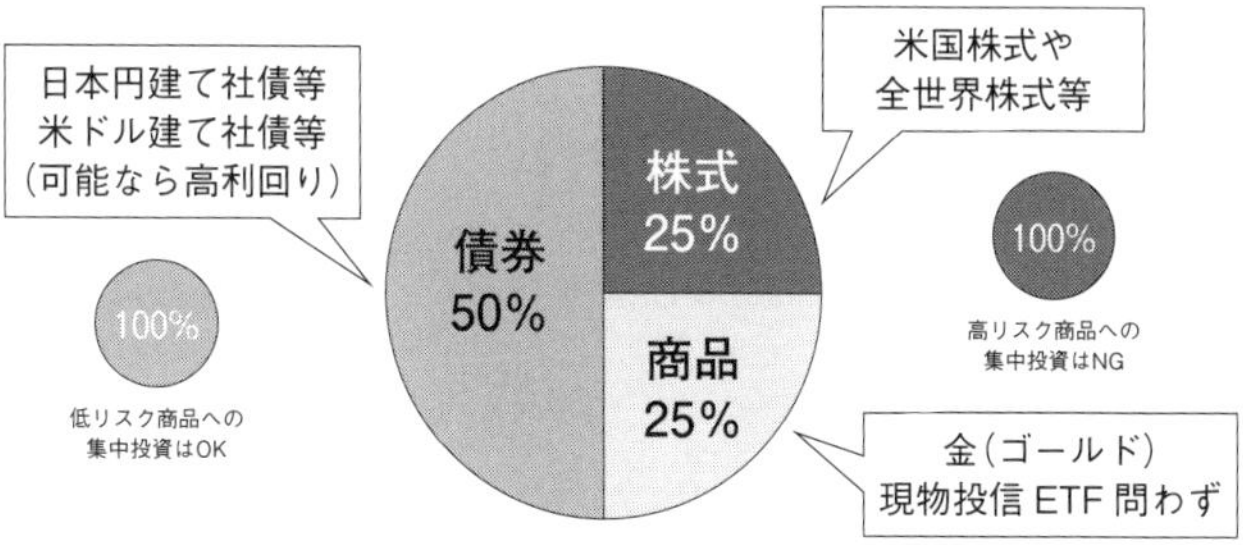

債券は定年世代の強力な味方になる

現役時代の投資である程度の資産を築けていれば、定年後はリスクをとって無理に増やそうとしなくても、その資産を使って利息や配当などの収入を獲得し続けることで、年金だけでは不足する生活費を補い、安心して老後を過ごすことが可能になります。

そのためには、利息収入を得られる債券が最適な投資対象になります。

債券は、国や企業などの発行体が、投資家から資金を借りるために発行する有価証券です。満期が定められており、満期が来れば額面の金額の全額が投資家に払い戻されます。たとえば、１００万円で買った債券は、満期まで持ち続ければ１００万円が返ってくるので、発行体である国や企業などが破綻しない限り、元本は守られます。利付きの債券であれば、満期までの間、半年に一回など、定期的に利息も支払われます。イメージとしては、投資家が発行体に対してお金を貸す代わりに、定期的に利子を受け取るようなものです。

債券は株式のように想定以上の利益をもたらすことはありませんが、**入ってくる利息収入、すなわち利率は固定されているため、ライフプランを立てやすい点が大きなメリットです。**

債券投資に死角はないのか

リタイア後の投資の中心になる債券には、多くの種類があります。日本人にとって、真っ先に思い浮かぶのは個人向け国債かもしれません。

個人向け国債は預貯金よりも利率が良いうえ、購入してから1年を経過すればいつでも換金できるので、預貯金代わりに使うのであれば良い対象です。しかし、日本の金利が低空飛行を続けている今、利息収入を期待する投資対象としては完全に力不足です。

債券投資でそれなりの利息収入を期待するなら、利回りの高い米ドル建ての債券が適しています。たとえば、２０２３年12月現在、長期金利の指標となる10年物国債の利回りはアメリカが約4％であるのに対し、日本は1％にも達していません。ほとんど金利のつかない日本の債券をわざわざ選ぶ理由はありません。

ちなみに、新興国の中にはアメリカよりもはるかに金利が高い国もあります。しかし、金利が高いことはインフレや発行体そのもののリスクが高いことを意味するので、老後の大切な資金を置いておくには心もとない面があります。世界一の経済大国であるアメリカである程度の利回りが期待できるうちは、わざわざリスクの高い新興国の債券に手を出す必要はないでしょう。

また、債券には主に、国がお金を借りるために発行する国債と、企業がお金を借りるために発行する社債がありますが、リスクが高いほうがリターンも高いのと同じ理由で、ふつうは企業よりも国の信頼性が高いので、国債よりも社債のほうが金利は高くなるものです。同じ社債であっても大企業が発行する債券のほうが利回りは低く、そうでない企業のほうが高くなる傾向があります。

守りながら増やす資産運用では、日本よりも米ドル建ての債券、そして国債よりも社債を選んで、より高い金利収入を狙うのが有利です。ただし、リスクを抑えるために債券を選んでいるのにリスクを取り過ぎては意味がないので、ある程度安全性の高い社債を選びましょう。

円高時に高利回りのドル建て債券は買えるのか

米ドル建ての債券を買いましょうと言うと、決まって聞かれることがあります。円安の時に米ドル建ての債券を買うのは損ではないか、債券投資で得られる数%の利回りなど円高になればその差損で吹き飛んでしまうのではないか、という声です。

確かに、円高の時よりも円安時のほうが、同じ債券でも投資に必要な資金は増えます。たとえば、額面1万ドルの債券の場合、1ドル１００円の時なら１００万円で買えますが、1ドル１５０円の時には１５０万円必要になります。

私たち日本の個人投資家が望むベストなシナリオは、円高ドル安の時に金利の高い米ドル建て債券を買って、満期になった時には円安になって、償還時には為替差益も獲得できるというシナリオです。

たとえば1ドル100円の時に債券を100万円で買って5％の金利を毎年受け取り続け、満期が来た時は為替が円安ドル高に進んで1ドル150円になっていれば、償還時には150万円になって返ってきます。これが実現できるなら、株よりもよっぽど儲かりそうです。

しかし本書を執筆している2024年1月現在は、アメリカの金利が高いのはいいのですが、円安ドル高の傾向が続いています。なぜ円安ドル高になっているかというと、アメリカの金利が高いからです。シンプルに言えば、アメリカの金融商品のほうが金利が高く儲かるので円をドルに換えて運用したがる人が多いために、円が売られドルが買われているわけです。

もしアメリカの金利が日本より低ければ、逆のことが起こります。利回りの低い米ドル建ての債券を買う理由などないので、だれも円をドルに替えようとしません。むしろドルを持つ人が円を買おうとするので、円高ドル安になるでしょう。

要するに、高利回りのドル建て債券を買える時は高確率で円安局面であり、円高の時に買える債券はかなりの確率で低利回りになるのです。

つまり、**円高とアメリカの金利高という2つの理想は両立しないので、私たちが望む「円高局面に金利の高いドル建て債券を買う」というシナリオは実現しない**ことになります。

円安ドル高のデメリットより、高利回りのメリットを選びたい

日本の投資家がドル建ての債券を買う時は、円安ドル高あるいは低利回りのどちらかを許容しなければならないことになります。ではどちらを許容すべきかというと、それは円安だと私は考えます。

なぜなら、**高金利で円安の局面では、残存期間の長い債券を買えばその期間の高利回りは保証される**ことになります。5％の利息がつく債券を買えば、発行体が破綻でもしない限り、必ず毎年5％の利息を受け取れるからです。

しかし、**為替相場の行方はだれも保証はしてくれず、不確実**です。債券を買ったあとで円高になって損をするかもしれないし、円安になって得をするかもしれません。

横ばいであれば金利の分が儲かりますが、それはだれにも確実な予想ができません。

たとえ金利が高くても、米ドル建ての債券を買ったあとで円高になって損をするのが嫌だから、買わずに様子見をするという選択もあるでしょう。ただし、そういう場合に「様子見しててよかった」という結果になるパターンはひとつしかありません。

もし円安になれば、「あの時買っておけば利息収入と為替差益を二重取りできたのに」と地団駄を踏むことになります。もし為替相場が横ばいであれば、「あの時買っておけば利息収入が得られたのに」とやはり悔しい思いをすることになります。

そして唯一、円高になった時だけ「買わなくて正解だった」ということになるわけです。それでも、円高ドル安の局面は株安になる傾向もあるので、債券を買わずに株で持っていた場合、その評価額が低迷することも考えられます。

3通りある未来のうち、2通りの未来で買って正解となるうえ、唯一異なるパターンでもあまり有利にはならないのであれば、投資しておいた方がいいのではないでしょうか。

投資は60歳までにどこまでお金を増やせるかが勝負

債券投資は、元本を守りながら安定した利息収入を満期まで受け取り続けられることが最大のメリットです。

仮に積み立て投資と▲５%ルール投資法で定年までに３０００万円をつくることができたとすると、その半分の１５００万円を６%の利息がつく債券投資に回せば、毎年90万円（税引き後は約72万円）を受け取り続けることができます。

もし、現役時代に５０００万円をつくって半分を債券投資に回せば、毎年受け取る収入は１５０万円（税引き後は約１２０万円）に達します。実際は米ドル建て債券の場合は利息も米ドルで受け取るため、為替相場によって受け取る金額は多少変動しますが、米ドルベースなら発行体が破綻しない限り一定の利息を受け取り続けることができます。景気が悪くなったら配当収入がなくなりかねない高配当株とは、安心感がまったく違います。

要するに、**債券投資に回せるお金が大きいほど、毎年受け取る利息収入は大きくなり、老後の生活を豊かにできます。60歳あるいは再雇用期間が終わる65歳までに、どれだけ資産を増やせるかが、老後の生活の安定度を左右する**のです。

だからこそ、現役時代は積み立て投資に資金を投じ続けながら、利益のチャンスが来た時に追加で投資をして効率良く稼ぐ▲5%ルール投資法を併用し、なるべくお金を増やしておくのが良いのです。

そんなに安定した利息収入を得られるなら、100%債券で良いのでは、という考え方もあるでしょう。今のような高金利の局面であれば、できるだけ残存期間の長い債券に資産の100%を投じる選択も悪くはありませんが、債券とて万能ではないことは理解しておく必要があります。

まず、一度買った債券は額面も利率も利回りも変わらないので、インフレ局面で資産を防衛することができません。

また、低金利の局面では債券の利率も低くなり、期待できる利息収入が小さくなってしまいます。こうした**低金利局面では、金利が低い時期に有利になる金融商品を合わせて保有しているほうが安心**です。

債券が不利なこれらの局面で頼りになるのが、25%ずつの保有をおすすめする「株式と金」です。

25%の株が、インフレ時に資産防衛と株価上昇時の恩恵を可能にする

現役時代は積み立て投資と▲5%ルール投資法で資産を増やしてきた人は、株式100%で運用してきたことになります。この投資で大成功できたのに、いきなり25%というのは減らし過ぎでは、と感じる人もいるかもしれません。

株式はプラス方向にもマイナス方向にもブレ幅が大きく、いわゆるハイリスクハイリターンな投資対象です。現役時代は暴落時が将来の利益を増やす大チャンスでしたが、定年後は暴落時のダメージが大きくなり過ぎないようにしながら、相場が良い時の恩恵を受け続けていく必要があります。

このためには株式100%のままではリスクの取り過ぎになりますし、0%ではイ

ンフレに対応できず、株価が大きく上昇する局面での利益も取れなくなってしまいます。

そこで、25%というのはバランスの良い配分なのです。万が一、再びリーマンショック級の暴落が訪れて株価が半値になったとしても、資産全体に及ぼす影響は12・5%ですから、定年後でもある程度許容できるマイナス幅ではないでしょうか。逆に10年で倍に成長してくれれば、資産も12・5%増やすことができます。

投資対象は現役時代と同じ理由で、引き続きS&P500でOKです。積み立て投資と▲5%ルール投資法で投資してきたS&P500の投資信託のうち、25%は売却せずに新NISA口座に残しておきます。積み立て投資を再開して再びつみたて枠を埋めることはないでしょうが、成長投資枠は金投資にも使えるので、成長投資枠から売却して枠を空けておきましょう。

金は株のリスクを抑えてくれる

ポートフォリオに株式と同じ割合だけ金を組み入れる目的は、株式と米ドルに対するリスクヘッジ（回避）です。

金は「有事の金」と言われるほど、非常事態に強い資産で、金融危機や自然災害、戦争など、金融市場が混乱し暴落するような場面で値上がりする傾向があります。このため、資産の一部を金で保有しておくことはリスクヘッジとして非常に有効なのです。実物資産であるため、価値がゼロになる心配もありません。

また、平時であっても、**金価格は株価と逆相関する傾向があり、株価が高い時は下がり、株が下がる局面では上昇しやすい性質があります。このため、株と金を両方持**

っておくことで、資産全体としては大きく増えたり減ったりする振れ幅を抑えることが可能になるのです。

金投資のデメリットとしては、株式や債券とは違って配当や利息がないため、値上がりしなければ何も生まないという点があります。それでも、保有の目的がリスクヘッジであれば、それも大きなデメリットではないでしょう。

金に投資する方法はいくつかありますが、現物を買って手元に置いておくのは管理が面倒ですし、盗難や紛失・災害リスクもあるので避けた方が無難です。

積み立て投資や▲5％ルール投資法をしていた人なら、投資信託に慣れているので投資信託を活用するのが手軽です。金を対象とする投資信託で、信託報酬などのコストが安いものを選ぶと良いでしょう。

金価格に連動するＳＢＩ・ｉシェアーズ・ゴールドファンド（愛称：サクっと純金）は、信託報酬が０・１８３８％程度と非常に安く、安心して長期保有ができると思います。

また、リアルタイムで価格を見ながら投資したい場合は、ＥＴＦを使うのも良いでしょう。金価格に連動するETFが東証に4本上場しています。信託報酬は前述したSBI・iシェアーズ・ゴールドファンドのほうが安く抑えられていますが、大きな差があるわけではないので好みで選んでかまいません。また、アメリカにも金価格に連動するETFがいくつも上場しているので、そちらでもOKです。

金投資に為替ヘッジは不要

投資信託で金投資する際に注意したいのは、為替ヘッジです。SBI・iシェアーズ・ゴールドファンドもそうですが、多くのもので「為替ヘッジあり」と「為替ヘッジなし」の2種類が設定されていて、投資家はどちらかを選んで買うことになります。

為替ヘッジとは、為替予約取引などの手法を用いて為替変動リスクを低減することです。基本的に金はドル建てなので、為替ヘッジをせずに日本円で投資していると金価格が上昇しても円高になれば金価格上昇の利益が相殺されてしまいます。逆に、金価格が下落しても円安になればその損失も相殺されることになります。投資したあとで金価格が上昇し、円安が進めばダブルで利益が出ることになりますし、逆のことが起これば二重の損失が発生することになります。

こうした為替リスクを嫌がる投資家のために、為替ヘッジされた金融商品が存在します。為替ヘッジがなされていれば、その金融商品の価格は為替変動の影響をほぼ受けなくなります。

ただし、為替ヘッジはタダではできず、コストがかかります。為替ヘッジに必要なコストはその時の金利や為替相場の状況によって異なりますが、2023年末現在で5～6%です。為替ヘッジをかけると円安になれば不利になりますし、円高になれば有利になりますが、いずれの場合でも常に投資している資産から5～6%のコストが差し引かれている状態になります。

保有している限り、年5～6%のコストを払い続けるというのはあまりに高すぎます。為替変動で損をしたくないから為替ヘッジを選んだのに、そのためのヘッジコストで損をする、ということにもなりかねません。資産を100%金にしているならともかく、曲がりなりにも債券や株に分散投資することでリスクヘッジをしているわけですから、そこに高いコストを追加してまで為替ヘッジをする必要はありません。金

図41　株式・金・債券の強みと弱み

株式	強み：10年で２倍以上になる可能性がある 弱み：テールリスク（リーマンショック等）により半値になる可能性がある
金	強み：株式と逆相関（期間によっては無相関）の関係にある 弱み：インカムゲイン（配当・利息）がない
債券	強み：安定したインカムゲイン（利息収入）がある 弱み：購入した時の利回り以上の利益が発生しない

価格に連動する投資信託を買う時は、「為替ヘッジなし」を選ぶようにしてください。

ちなみに、ＥＴＦであれば、どれを選んでも為替ヘッジをしていないので余計なヘッジコストを払う心配はありません。

金価格に連動する投資信託、ＥＴＦはいずれも、新ＮＩＳＡの成長投資枠で買うことが可能です。新ＮＩＳＡで育てた資産を現金化する際には成長投資枠を優先して売却し、枠を空けたうえで金に投資できる商品に投資するのがいいでしょう。この場合、投資枠が空くのが翌年になってからなので、商品入れ替えのための売却は年末に行う方が長く投資でき、ブランクの期間を短くできるでしょう。

ネットで買える債券は、氷山の一角

リタイア後は100％株式で運用するハイリスクなポートフォリオは卒業し、ニコニコフィフティ投資戦略にスイッチして、資産を守りながら利息収入を受け取るのが有利です。特にアメリカの金利が高い今なら、5～6％の利回りの債券もたくさんあるので、なるべく残存年数の長い高利回り債券を買えば、長い期間その恩恵を受けられます。

私がこのようにアドバイスをすると、決まって言われることがあります。

「いくら海外の債券とはいっても、リスクが低めの米ドル建ての債券でそんなに高金利なものは見たことがない、絵にかいた餅ではないのか」という声です。

確かに、ネット証券の債券のページを見ても、高金利の新興国債券はともかく、より安心して買えそうな米ドル建て債券で利回りが5～6%に達するような債券はなかなか見つけられません。あったとしても、売り切れの表示が出ていて買えません。

それもそのはずで、残念ながら条件の良い債券はインターネット上に出回ることはあまりありません。そもそも債券はひとつの企業が何十も発行することがあります。たとえば、三菱ＵＦＪフィナンシャルグループは１００種類以上の債券を発行しています。そのすべてをインターネット上で販売することは不可能で、販売しやすい銘柄だけがインターネット上で販売されています。

要するに、皆さんがネット上で目にしている債券は、氷山の一角に過ぎないのです。

投資信託の積み立て投資や個別株の売買であれば、ネット証券が手軽で手数料も安いのでおすすめなのですが、**債券投資に関しては対面販売が圧倒的に有利です。このため、リスクを取った現役時代の投資を終えて、債券中心の投資にスイッチする際には、取引する金融機関も見直す必要があります。**

この際、対面型の証券会社でも悪くはありませんが、私のおすすめはＩＦＡを利用することです。ＩＦＡとは“Independent Financial Advisor”の略で、独立系ファイナンシャルアドバイザーと訳されます。証券会社など特定の金融機関には属さず、独立した立場で投資アドバイスや金融商品の紹介・説明などをしながら顧客の資産運用のサポートをする職業です。

手前味噌で大変恐縮なのですが、私がまさに現在、このＩＦＡを生業としています。私たちＩＦＡは複数の証券会社で扱う商品の中から、お客様に適した商品を選んで紹介することができます。もちろん、私たちがお客様に販売できる債券の情報の中には、ネット証券のウェブサイトに掲載されていない有利な商品がたくさんあります。

たとえば、大手ネット証券で最も債券の扱いが多いのはＳＢＩ証券ですが、この本を執筆している２０２３年12月現在で、ドル建ての債券で最も利回りが高いのは５％前半の商品です。しかし、私たちＩＦＡの元には、６％台の米ドル建て債券の情報が届いており、実際にお客様に販売できています。

その時の金利の水準にもよりますが、ウェブサイトで販売されている債券は、私たちＩＦＡがお客様に案内している債券より利回りが劣ることが多い印象です。

要するに、たとえ比較的債券の取り扱いの多い証券会社であっても、ネットで販売されているのはごく一部であり、有利な条件のものはあまり出てこないということです。ＩＦＡを利用する顧客は、ネット証券の顧客よりも運用資産が大きい傾向があることもあり、有利な条件の債券は優先的にＩＦＡ経由で販売されていくのです。

ポジショントークと思われるかもしれませんが、私は本名を明かさずにこの本を書いているぐらいですから、本書で自分の本業を宣伝するつもりは一切ありません。自分の損得は抜きにして、**有利な条件の債券に投資したいなら、ネット証券よりＩＦＡを頼るのが有利**だと断言できます。

そもそも、積み立て投資や▲５％ルール投資法はインデックス投資なので、特に勉強したり知識を仕入れる必要はありませんが、債券は条件がとても複雑です。中には株と同じぐらい、あるいはそれ以上にリスクの高い債券もあるので、専門家にわかりやすく解説してもらい、自分に合った債券を提案してもらったうえで購入するほうが安心です。

ちなみに、この章で定年後の投資戦略の基本として紹介している**ニコニコフィフテ**

ィ投資戦略も、あくまで基本の考え方に過ぎず、たったひとつの正解というわけではありません。実際はこれをベースに、金利水準を中心とした市場環境に応じて配分を調整していくことになります。

たとえば、金利が高い時は債券投資が有利なので残存年数の長い債券を多めの割合で投資をすると、長く高い利回りで金利収入を受け取ることができて有利です。逆に、金利水準が低い時は好条件の債券が手に入らないので、債券の割合を減らして残存年数が短いものへの投資にとどめます。こうした局面では株式が上昇しやすいので、株式への投資割合を多少増やしてもＯＫと判断しています。

こうした判断の目安や配分の調整についても、インデックス投資しか経験のない投資家には難しいので、その局面に応じたアドバイスを専門家から受けるのが良いと考えています。

おわりに

私はかつて、証券会社でリテール営業をしていました。

日本の金融業界は、ノルマファーストです。最近は顧客ファーストをうたう金融機関も増えてはきましたが、まだまだ道半ばだと思います。

中でも対面証券の営業現場は、ノルマ至上主義の権化というべき状態です。私はそのことを学生時代から承知のうえで、それでも新卒でこの業界に飛び込みました。いつか証券会社の社長に昇り詰めて、その構造を変えてやろうと意欲を燃やしていたからです。

投資は安い時に買って、高い時に売れば、利益が出るというきわめてシンプルなしくみです。

それさえできればだれでも豊かになれるのに、証券会社ではまったく違うことが起きていました。

中身は同じでもなるべく手数料が高い商品を販売する、相場ではなくノルマの状況に応じて顧客に売買を促す、顧客の口座に利益が出ているかどうかに関係なく、ノルマのために回転させて手数料を払わせる。

信じられないかもしれませんが、こんなことは日常的に行われていました。


営業パーソンの評価項目には顧客の資産を増やしたかどうか、信頼を得ているかどうかという項目はなく、達成した手数料収入の額だけでほとんどの評価が行われていました。

ただひたすら手数料を巻き上げて、顧客の資産を減らし、担当エリアを焼け野原にして転勤していく。それを冷徹に実行できる人が、出世していく世界でした。

いつか社長に昇り詰めてこの会社を変革し、そこから金融業界全体を変えたいと思っていた私でしたが、いつしかそれは無理だと悟ることになりました。

でも、決してあきらめたわけではありません。

金融機関の中からの改革には挫折しましたが、外に出てもできることはあります。退社後は投資アドバイザーという仕事に転じたことで、ようやく組織のノルマに振り回されることなく、顧客の利益を優先してアドバイスができるようになりました。目の前のお客様の利益だけを考え、豊かになってもらうためのサポートに集中できるようになったことで、次は直接アドバイスができない人たちに対してもアクションを起こしたい、そう考えて始めたのがYouTubeでの動画配信です。

YouTubeなら、日本中どころか世界中の人に観てもらえる可能性があります。動画を通して多くの人に、正しい投資を知ってもらうことができると考えたのです。

今、振り返ってみると、証券会社の営業パーソンの言いなりになって大切な資産を減らしてしまう人の特徴は、大きく分けて2つありました。

ひとつは、自分がカモにされていることは重々承知していて、それでもわが子や孫のようにかわいがってくれている営業パーソンの力になってやろうと売買してくださる高齢のお客様です。

そして、それと同じぐらい多かったのが、金融リテラシーが不足していて、自分がカモにされていることに気がつかず、営業パーソンの言う通りにしていればいつかは儲かるだろうと期待している、気の毒な人たちです。

この構造は、証券会社の外にも存在します。SNSで薄っぺらい投資テクニックを発信するアカウントや、必ず大儲けできるといった詐欺まがいの儲け話を吹聴するアカウントの投稿を鵜呑みにして、間違った知識を得たり大損をしたりしてしまう例が多くみられます。実際、投資詐欺という犯罪は巧妙に手を変えながら、いつの世も消えることなく跋扈《ばっこ》しています。

投資に絶対はあり得ませんし、そんなことを言う人がいたらその人はウソつきか詐欺師です。

そのようなウソに騙されないリテラシーを持ち、リスクとうまく付き合いながら資産を増やしていけるかどうかが、人生の豊かさを大きく左右する時代です。


リスクを理解し、正しい金融商品に投資する。

高い時に買うのではなく、安い時に買う。

手数料の高い商品ではなく、安い商品を選ぶ。


それができるだけで、多くの人が今よりずっと豊かになれるのです。


知識や経験のない人でも、時間のない人でも、私が直接アドバイスできない人でも正しい投資を実行して豊かになれるよう、膨大なシミュレーションを経て開発したのが、本書で紹介した▲5%ルール投資法です。

多くの人は、株価が上昇を続けて盛り上がっている時に株をほしくなり、株価が暴落してみんなが悲嘆に暮れている時に投げるように売ってしまいたくなるものですが、そんな周りのムードに流されることなく、安い時に買って高い時に売ることを実行できれば、だれでもお金を増やせます。

買うのが怖いと感じた時も、▲5％ルール投資法のシグナルが、背中を押してくれるはずです。

ＮＩＳＡのしくみが新しくなったことで、投資に興味を持ったり、新たに始めようとする人が増えています。

せっかく投資にチャレンジしようとした人たちが、早々に失敗して「やっぱり投資は怖い」と退場し、豊かになる機会を放棄してしまっては元も子もありません。

日本の人たちに投資を根付かせ、「投資は怖くない」と思ってもらえるかどうかは、ここからが正念場だと思っています。

私はこれからも、投資アドバイザーとして目の前のお客様をサポートしながら、

YouTubeを通した発信も続けていくつもりです。

一人でも多くの人が金融リテラシーを身に付け、正しい投資ができる社会を目指して。

投資塾ゆう

2024年2月

デザイン●井上新八
イラスト●ヤギワタル
DTP●キャップス
校正●あかえんぴつ
編集協力●森田悦子
編集●金城麻紀

投資塾ゆう
証券会社の営業として7年働いた後、独立して現在は投資アドバイザー。
組織のノルマから解放され、お客様のサポートに集中できるようになったことで、「直接アドバイスができない人たちにも正しい投資知識を身に付けてもらいたい」と思い、YouTubeチャンネルを開設。多くの視聴者から信頼を集める。登録者数は15.6万人、動画の高評価率は98.4%（2024年1月時点）。
動画制作には過去データの分析に膨大な時間を費やす。

YouTube：【投資塾】知らないより知っていた方が役立つ話
（https://www.youtube.com/channel/UChU4moT-yZa2SNHpSbYciFw）
X：@toshijuku2020

知識《ちしき》も時間《じかん》もないですが、
新《しん》NISAでほったらかし投資《とうし》より
お金《かね》を増《ふ》やしたいです

2024年3月4日　初版発行

著者／投資塾《とうしじゅく》ゆう

発行者／山下　直久

発行／株式会社KADOKAWA
〒102-8177　東京都千代田区富士見2-13-3
電話　0570-002-301（ナビダイヤル）

印刷所／TOPPAN株式会社
製本所／TOPPAN株式会社

ISBN 978-4-04-606613-8 C0033